AF453472

MAGNÉTISME

ET

ÉLECTROMAGNÉTISME

Papier et Impression Ł. GEISLER

AUX CHATELLES

PAR RAON-L'ÉTAPE (VOSGES)

ENCYCLOPÉDIE
ÉLECTROTECHNIQUE

PAR

UN COMITÉ D'INGÉNIEURS SPÉCIALISTES

F. LOPPÉ, INGÉNIEUR DES ARTS ET MANUFACTURES

SECRÉTAIRE

MAGNÉTISME

ET

ÉLECTROMAGNÉTISME

(DEUXIÈME PARTIE)

PAR **Eug. VIGNERON**, INGÉNIEUR-CONSEIL

ANCIEN PROFESSEUR ET ANCIEN SOUS-DIRECTEUR DE L'ÉCOLE SUPÉRIEURE D'ÉLECTRICITÉ

ANCIEN INGÉNIEUR AUX COMPAGNIES DES OMNIBUS ET THOMSON-HOUSTON

PARIS

LIBRAIRIE DES SCIENCES ET DE L'INDUSTRIE

L. GEISLER, IMPRIMEUR-ÉDITEUR

1, Rue de Médicis, 1

1909

MAGNÉTISME

ET

ÉLECTROMAGNÉTISME

(DEUXIÈME PARTIE)

CHAPITRE PREMIER

Les appareils de mesure des courants et des flux.

Pour effectuer la mesure des courants et du champ magnétique et pour bien comprendre ce qui va suivre, il nous est maintenant nécessaire de décrire les appareils qu'on a imaginés à cet effet. Nous ne procéderons pas ici à une description minutieuse des méthodes employées pour ces mesures, le sujet en sera traité dans toute l'étendue désirable au cours des fascicules réservés aux mesures électriques.

Procédés généraux de mesure. — Dans les mesures courantes on emploie deux procédés généraux de mesure :

a) *Méthode objective et directe.* — Cette méthode est la réalisation du procédé de comparaison par superposition et adjonction bout à bout;

b) *Méthode subjective et indirecte. Appareils auxiliaires.* — Cette méthode se décompose en deux : 1° La détermination du rapport de la grandeur avec l'unité est obtenue grâce à la déviation d'un appareil auxiliaire;

2° La comparaison de deux grandeurs s'opère par la compensation de leurs effets sur un appareil à déviation. Méthode de zéro.

La première méthode est utilisée journellement dans les mesures de longueur; elle est la seule qu'on puisse employer lorsque, un étalon venant à être déterminé, il s'agit d'en construire les multiples et sous-multiples.

La deuxième et la troisième, *très utilisées dans les déterminations* des grandeurs électriques, se retrouvent journellement dans les déterminations de gravité à l'aide du peson; on les utilise aussi dans les mêmes déterminations à l'aide de la balance romaine et dans bien d'autres déterminations encore.

Les appareils à déviation employés en électricité dérivent tous des galvanomètres, des électromètres et des électrodynamomètres.

Les définitions générales de ces appareils sont les suivantes :

Galvanomètre : Appareil à déviation basé sur l'électromagnétisme, c'est-à-dire sur l'action des courants sur les aimants.

Électromètre : Appareil à déviation basé sur les propriétés électrostatiques; ces appareils ont été étudiés déjà au cours du fascicule n° 1, page 116 et suivantes.

Électrodynamomètre : Appareil à déviation basé sur l'électrodynamique.

Tous ces appareils ont un point commun de théorie : ils sont *oscillants*. Nous allons examiner quelques propriétés générales des appareils oscillants.

Les appareils oscillants. Leur théorie. — Un appareil oscillant est un appareil tel que le déplacement de sa partie mobile exige une impulsion dont l'énergie n'est pas immédiatement absorbée d'une façon parasite par le frottement, l'échauffement, etc., mais est transformée en énergie potentielle qui tend à imprimer un mouvement à la partie mobile.

Pour étudier le mouvement d'un tel appareil, il nous faudra écrire que le moment d'impulsion est égal à la somme des trois moments instantanés suivants :

1° Moment dû à l'inertie ;

2° Moment dû à la réaction, sur la partie oscillante A de l'appareil, du milieu qui enveloppe ce corps A en tous les instants de son déplacement ;

3° Moment dû à la déformation occasionnée par le déplacement de la partié mobile; par exemple, le moment d'un fil de suspension ou d'un bifilaire.

Supposons, pour limiter le cadre du problème, que l'appareil oscillant soit *oscillant rotatif*, soit alors θ l'angle de déviation.

Si M est le moment d'impulsion; $K \dfrac{d^2\theta}{dt^2}$, où K est le moment d'inertie, sera le premier couple dû à l'inertie; $A \left(\dfrac{d\theta}{dt}\right)^x$ sera le deuxième couple de réaction; l'expérience montre qu'en pratique, on pourra prendre $x = 1$. Le troisième couple de réaction sera $B\theta$ ou $B \sin \theta$ ou, même encore plus généralement, $B \varphi(\theta)$. En pratique, $\varphi(\theta)$ se confondra avec $\theta \varphi'(0)$; car, en effet, $\varphi(\theta)$ s'annule pour $\theta = 0$, de sorte que, θ étant toujours très petit, l'équation développée :

$$\varphi(\theta) = \varphi(0) + \theta\varphi'(0) + \frac{\theta^2}{1.2}\varphi''(0) + \ldots,$$

se réduit pratiquement à :

$$\varphi(\theta) = \theta\varphi'(0).$$

En somme, l'équation du mouvement est :

$$K.\frac{d^2\theta}{dt^2} + A.\frac{d\theta}{dt} + B\theta = M.$$

Supposons d'abord $M = 0$, c'est-à-dire que la *cause du mouvement ait disparu à l'instant que nous examinons*, nous aurons :

$$K\frac{d^2\theta}{dt^2} + A\frac{d\theta}{dt} + B\theta = 0,$$

en posant :

$$\frac{A}{K} = 2m, \quad \frac{B}{K} = n^2,$$

l'équation se réduit à :

$$\frac{d^2\theta}{dt^2} + 2m\frac{d\theta}{dt} + n^2\theta = 0.$$

La solution générale que donnent les traités d'analyse mathématique (1) est :

$$\theta = \lambda.e^{(-m+\sqrt{m^2-n^2})t} + \gamma.e^{(-m-\sqrt{m^2-n^2})t},$$

---

(1) Pour résoudre cette équation différentielle, on posera $\theta = e^{\alpha t}$, en substituant dans l'équation différentielle, on aura une équation du 2me degré en α :

$$\alpha^2 + 2m\alpha + n^2 = 0,$$

ou encore :

$$\theta = e^{-mt}\left[\lambda . e^{\sqrt{m^2-n^2}\,t} + \gamma . e^{-\sqrt{m^2-n^2}\,t}\right]. \tag{1}$$

D'après les conditions mêmes du problème, m est essentiellement positif; comme e^{-mt} tend ainsi vers zéro, lorsque t croît indéfiniment, on voit que θ tend également vers zéro.

Il y a deux cas à considérer :

$m^2 - n^2 =$ le nombre positif p^2, ce qui entraîne $p^2 < m^2$

$m^2 - n^2 =$ le nombre négatif $(-p^2)$, ce qui entraîne $p^2 < n^2$.

Dans le premier cas, l'équation devient :

$$\theta = \lambda . e^{(-m+p)t} + \gamma . e^{(-m-p)t}, \tag{2}$$

et, par conséquent :

$$\frac{d\theta}{dt} = -(m-p).\lambda . e^{(-m+p)t} - (m+p).\gamma . e^{-(m+p)t}. \tag{3}$$

On voit que $\dfrac{d\theta}{dt}$ s'annule pour $t = \infty$, ainsi que θ d'ailleurs; de plus $\dfrac{d\theta}{dt}$ pourra s'annuler, au cas où λ et γ sont de signes contraires, pour une valeur positive et *une seule* de t, comprise entre zéro et l'infini. Cette valeur t_1 est donnée par la relation :

$$(m-p)\lambda\, e^{pt_1} + (m+p)\gamma\, e^{-pt_1} = 0,$$

d'où on tire :

$$t_1 = \frac{1}{2p}. \mathrm{L}\,\frac{\gamma}{\lambda}.\frac{m+p}{p-m}$$

avec la condition pour que $t_1 > 0$:

$$\frac{\gamma(m+p)}{\lambda(p-m)} > 1.$$

---

qui donnera deux solutions en α :

$$\alpha_1 = -m + \sqrt{m^2-n^2}, \qquad \alpha_2 = -m - \sqrt{m^2-n^2}.$$

On voit ainsi que :

$$\theta_1 = e^{(-m+\sqrt{m^2-n^2})t}, \qquad \theta_2 = e^{(-m-\sqrt{m^2-n^2})t}$$

sont deux solutions de l'équation différentielle.

On démontre ensuite facilement, en analyse, que si l'on connaît deux solutions indépendantes, l'équation générale est :

$$\theta = \lambda . \theta_1 + \gamma\theta_2.$$

En somme : θ et $\dfrac{d\theta}{dt}$ s'annuleront ensemble pour $t = \infty$; quant à $\dfrac{d\theta}{dt}$, il pourra s'annuler en changeant de signe *une fois* avant le silence correspondant au système de valeurs :

$$t = \infty, \quad \theta = 0 \quad \text{et} \quad \frac{d\theta}{dt} = 0 ;$$

mais *une fois seulement*.

Les figures 1 et 2 illustrent les deux cas d'apériodicité, les déviations sont portées en ordonnées et les temps en abscisses.

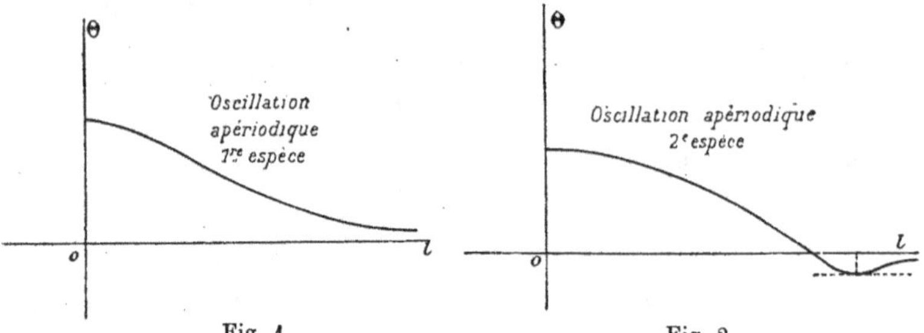

Fig. 1.   Fig. 2.

Physiquement parlant, l'équipage change *une fois au plus* de sens d'oscillation avant d'arriver à l'équilibre.

On dit, dans ce cas, que l'appareil *est apériodique*.

Dans le deuxième cas, on peut poser :

$$m^2 - n^2 = -\,p^2 = \omega^2 \left(\sqrt{-1}\right)^2,$$

l'équation (1) devient alors :

$$\theta = e^{-mt}\left[\lambda\left(\cos\omega t + \sqrt{-1}\,\sin\omega t\right) + \gamma\left(\cos\omega t - \sqrt{-1}\,\sin\omega t\right)\right], \quad (4)$$

ou encore, en posant :

$$\lambda + \gamma = \lambda', \quad (\lambda - \gamma)\,\sqrt{-1} = \gamma',$$

$$\theta = e^{-mt}\left\{\lambda'\cos\omega t + \gamma'\sin\omega t\right\}.$$

Si, à l'origine du temps, on a :

$$t = 0 \quad \text{avec} \quad \theta = 0,$$

on aura :

$$\lambda' = 0,$$

et, par conséquent :

$$\theta = \gamma'.e^{-mt}\sin\omega t.$$

Pour déterminer la constante γ', admettons qu'à l'origine du temps on ait donné à l'équipage une initiale impulsion correspondant à une vitesse v_0, on aura :

$$\left(\frac{d\theta}{dt}\right)_0 = v_0 = [\gamma' e^{-mt}(-m.\sin\omega t + \omega.\cos\omega t)]_{t=0},$$

ou encore :

$$v_0 = \gamma'\omega,$$

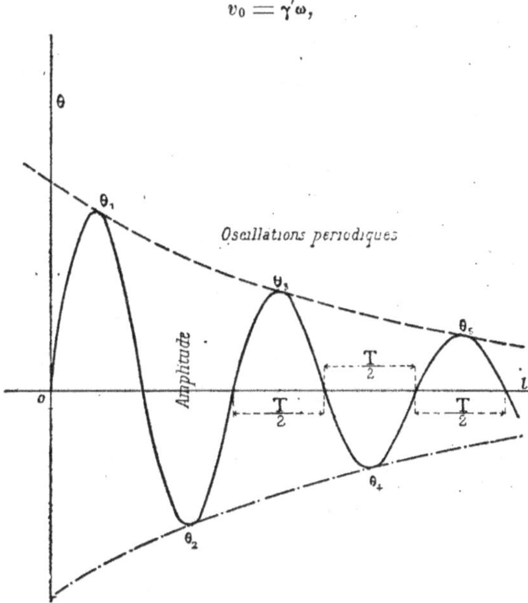

Fig. 3.

et, par suite :

$$\theta = \frac{v_0}{\omega} e^{-mt}\sin\omega t, \tag{5}$$

$$\frac{d\theta}{dt} = \frac{v_0}{\omega} e^{-mt}[-m.\sin\omega t + \omega\cos\omega t]. \tag{6}$$

La figure 3 illustre le cas que nous examinons, on voit facilement que cette courbe est comprise entre les courbes dont les équations respectives sont :

$$\theta = \frac{v_0}{\omega} e^{-mt}, \qquad \text{et} \qquad \theta = \frac{-v_0}{\omega} e^{-mt}.$$

Discussion. — L'équation (5) nous apprend que θ est le produit d'un facteur périodique $\sin \omega t$ et d'un facteur évanouissant avec t^{-1}. Pour obtenir les époques où l'oscillation changera de signe, il faudra égaler à zéro l'expression de la vitesse, on aura ainsi :

$$- m \sin \omega t + \omega \cos \omega t = 0,$$

et, en posant

$$\operatorname{tg} \varphi = \frac{\omega}{m},$$

on tirera :

$$\sin (\omega t - \varphi) = 0$$

et ainsi :

$$\omega t = \varphi + k \pi.$$

On va pouvoir conclure que la durée d'une oscillation simple est constante; car si t_{p-1} est l'époque correspondant au commencement de l'oscillation, t_p l'époque correspondant à la fin de cette même oscillation, on aura pour la $\frac{1}{2}$ durée T de l'oscillation :

$$\frac{T}{2} = t_p - t_{p-1} = \frac{\varphi + p\pi}{\omega} - \frac{\varphi + (p-1)\pi}{\omega} = \frac{\pi}{\omega},$$

l'oscillation complète aller et retour est donc :

$$T = \frac{2\pi}{\omega}. \tag{7}$$

Décrément logarithmique. — Calculons l'amplitude de chaque oscillation maxima, nous nous baserons sur cette remarque

$$\sin \varphi = \frac{\omega}{\sqrt{\omega^2 + m^2}} = \frac{\omega}{n},$$

d'où

$$\frac{\sin \varphi}{\omega} = \frac{1}{n},$$

si t_1 est la durée de la 1re oscillation correspondant à $k = 0$:

$$\sin \omega t_1 = \frac{\omega}{n} ; \qquad (8)$$

on a ainsi successivement :

$$\left.\begin{aligned}
\theta_1 &= \frac{v_0}{n}\, e^{-m t_1} \\
\theta_2 &= \frac{v_0}{n}\, e^{-m\left(t_1 + \frac{T}{2}\right)} \\
&\cdots\cdots\cdots\cdots\cdots \\
&\cdots\cdots\cdots\cdots\cdots \\
\theta_p &= \frac{v_0}{n}\, e^{-m\left[t_1 + (p-1)\frac{T}{2}\right]},
\end{aligned}\right\} \qquad (9)$$

et, par conséquent :

$$\frac{\theta_1}{\theta_2} = \frac{\theta_2}{\theta_3} = \frac{\theta_3}{\theta_4} = \ldots = \frac{\theta_p}{\theta_{p+1}} = e^{m\frac{T}{2}}, \qquad (10)$$

$\frac{mT}{2}$ est ce qu'on appelle le *décrément logarithmique*. Si l'on observe un appareil oscillant, on pourra lire θ_1 et θ_2 et évaluer ainsi $\frac{T}{2}$, ces trois grandeurs sont *donc des quantités connues*, ou *facilement connaissables*. On a alors :

$$\left.\begin{aligned}
m &= \frac{2}{T}\, \mathrm{L}\left(\frac{\theta_1}{\theta_2}\right) \\
n &= (m^2 + \omega^2)^{\frac{1}{2}} = \left[m^2 + \left(\frac{2\pi}{T}\right)^2 \right]^{\frac{1}{2}}.
\end{aligned}\right\} \qquad (11)$$

On peut ainsi *déterminer expérimentalement* les coefficients de l'équation fondamentale, en se reportant alors à l'équation :

$$\theta_1 = \frac{v_0}{n}\, e^{-m t_1},$$

on en déduira v_0 connaissant *expérimentalement* t_1 et θ_1 ; v_0 est évidemment l'*inconnue finale* de toute mesure.

Formule approchée. — On peut, au cas où m est très petit, obtenir une valeur très approchée bien plus rapidement calculable. En effet, si m est très petit par rapport à n, $\frac{\omega}{n}$ est très voisin de 1, puisque $m^2 - n^2 = -\omega^2$; donc, d'après (8) :

$$\sin \omega t_1 = \frac{\omega}{n} = 1 + \varepsilon \quad \text{et} \quad \omega t_1 = \frac{\pi}{2}$$

à un *infiniment petit d'ordre supérieur*, de sorte que :

$$t_1 = \frac{\pi}{2\omega}.$$

Or, l'expression déjà établie :

$$\frac{\theta_2}{\theta_1} = \frac{\theta_3}{\theta_2} = \frac{\theta_4}{\theta_3} = \ldots = e^{-m\frac{T}{2}}$$

donne immédiatement :

$$\frac{\theta_3}{\theta_1} = e^{-mT} = e^{-m\frac{T}{t_1} \times t_1}.$$

D'ailleurs :

$$\frac{T}{t_1} = \frac{\frac{2\pi}{\omega}}{\frac{\pi}{2\omega}} = 4 \text{ (à un infiniment petit près)},$$

donc :

$$\frac{\theta_3}{\theta_1} = e^{-4mt_1}.$$

Mais $n = \omega$, *à un infiniment petit près*, on a donc $n = \frac{2\pi}{T}$ et l'expression suivante :

$$\theta_1 = \frac{v_0}{n} e^{-mt_1}$$

devient

$$\theta_1 \left[1 + \frac{\theta_1 - \theta_3}{\theta_3} \right]^{\frac{1}{4}} = \frac{v_0 T}{2\pi}.$$

Or, en développant et négligeant les termes infiniment petits d'ordre supérieur, on a :

$$v_0 = \frac{2\pi}{T} \left[\theta_1 + \frac{1}{4}(\theta_1 - \theta_3)\frac{\theta_1}{\theta_3} - \frac{3}{32}\left(\frac{\theta_1 - \theta_3}{\theta_3}\right)^2 \theta_1 + \frac{1.3.7}{1.2.3.4^3} \theta_1 \left(\frac{\theta_1 - \theta_3}{\theta_3}\right)^3 + \ldots \right],$$

mais on sait déjà que :

$$\frac{\theta_1}{\theta_3} = e^{mT}$$

comme, de plus, m est infiniment petit, d'après notre hypothèse même, l'expression $\frac{\theta_1}{\theta_3}$ diffère ainsi infiniment peu de l'unité, de sorte que $\theta_1 - \theta_3$ est aussi infiniment petit ; finalement, on a, par la suppression de tous les infiniment petits d'ordre supérieur :

$$v_0 = \frac{2\pi}{T} \left(\theta_1 + \frac{\theta_1 - \theta_3}{4} \right). \tag{12}$$

On lira utilement l'*Etude sur les mouvements amortis* de Pierre Curie.

Amortissements critiques des appareils oscillants. — Si l'on prend l'équation générale :

$$K \frac{d^2\theta}{dt^2} + A \frac{d\theta}{dt} + B\theta = 0,$$

puis qu'on y fasse varier les coefficients K, A et B, tous en même temps, ou un seulement à la fois, on aura des systèmes de coefficients pour lesquels l'oscillation sera périodiquement amortie et d'autres systèmes pour lesquels l'oscillation sera apériodique. On conçoit donc que, deux des coefficients restant fixes et le troisième variant seul, il existe une valeur de ce coefficient pour laquelle le système oscillant *cessera d'être périodique pour devenir apériodique, ou inversement*.

En particulier, supposons que nous fassions varier A *seulement*, en le faisant croître à partir d'une valeur très petite, jusqu'à la valeur voisine de $A = \sqrt{4\,BK}$, correspondant à $m^2 - n^2 = 0$; avec de telles conditions, dans l'expression :

$$m^2 - n^2 = \omega_1^2 \sqrt{-1}$$

ω_1 aura une valeur *très petite*.

L'oscillation sera encore périodique, mais la durée d'oscillation

$$T_1 = \frac{2\pi}{\omega_1}$$

sera, d'une part, *devenue très grande*, ce qui, physiquement, se traduit ainsi : dans ce mouvement oscillant amorti, jouissant de toutes les propriétés d'un tel mouvement, la durée d'oscillation sera devenue beaucoup plus grande et deviendra, par suite, facile à observer. D'autre part, la formule (10) :

$$\frac{\theta_1}{\theta_2} = e^{m\frac{T}{2}}$$

nous indique que si, dans les limites de variation assignées, m augmente entraînant l'augmentation de T, comme on vient de le voir, le rapport $\frac{\theta_1}{\theta_2}$ augmente aussi, même très rapidement, autrement dit : le *mouvement tend à s'amortir de plus en plus rapidement*.

Ces deux propriétés constituent deux avantages très appréciables dans les observations ; la portée en sera surtout comprise lorsqu'on étudiera les propriétés balistiques des galvanomètres.

On peut remarquer aussi que, si A et B restant fixes, on fait croître K depuis des valeurs voisines de zéro, on arrivera à une valeur pour laquelle le système oscillant *cessera d'être périodique pour devenir apériodique*. Ce procédé peut être employé pour faire devenir apériodique un appareil périodique ; il suffira d'augmenter convenablement le moment d'inertie de la partie oscillante, en y ajoutant deux petites sphères pesantes symétriquement placées par rapport à l'axe d'oscillation.

Egalement, en supposant que K et A soient laissés constants, si l'on fait croître B depuis une valeur très faible, il arrivera un moment où l'appareil oscillant cessera d'être *périodique* pour devenir *apériodique*. On convient de dire que ces états de passage correspondent aux amortissements critiques.

Application des propriétés précédemment démontrées. — *Cas d'un couple extérieur constant.* — Dans ce cas, l'équation générale devient :

$$K \frac{d^2\theta}{dt^2} + A \frac{d\theta}{dt} + B\theta = M.$$

Posons :

$$M = B.\theta_0.$$

L'équation peut s'écrire :

$$K \frac{d^2(\theta - \theta_0)}{dt^2} + A \frac{d(\theta - \theta_0)}{dt} + B(\theta - \theta_0) = 0. \tag{13}$$

Le problème est ramené au problème précédent avec cette différence que la position, vers laquelle tend l'équipage mobile, ne correspond plus à la valeur de $\theta = 0$, mais à une position correspondante à la position θ_0.

Cas d'un couple initial instantané ou plutôt extrêmement court. — Soit τ, la durée très courte d'impulsion, le couple extérieur dans l'intervalle | 0 à τ | sera alors de la forme $\Phi(\tau)$, avec la condition que $\Phi(t) = 0$ pour toutes les valeurs non comprises dans l'intervalle.

L'équation générale devient :

$$K \frac{d^2\theta}{dt^2} + A \frac{d\theta}{dt} + B\theta = \Phi(t).$$

Intégrons entre 0 et τ, en remarquant que, dans cet intervalle, θ et $d\theta$ n'ont pu *acquérir de valeurs sensibles*, c'est-à-dire que $\theta = 0$ avec $d\theta = 0$; alors :

$$K \int_0^\tau \frac{d^2\theta}{dt^2}\, dt = \int_0^\tau \Phi(t)\, dt,$$

et ainsi, en posant :

$$U = \int_0^\tau \Phi(t)\, dt$$

$$K.v_0 = U. \tag{14}$$

On voit ainsi que tout se passera comme si l'on avait donné à l'appareil oscillant une première impulsion :

$$v_0 = \frac{U}{K}.$$

On pourra donc, d'après ce qui précède, mesurer U, *si l'on connaît* K. Or, K pourra facilement se déterminer de la façon pratique suivante.

Supposons que nous ayons relevé une série d'oscillations, ainsi que la durée T d'oscillation, la formule donnée sous le numéro (11) nous fournira la valeur de m :

$$m = \frac{2}{T} L \left(\frac{\theta_1}{\theta_2} \right),$$

mais,

$$\frac{1}{m} = \frac{K}{A}.$$

Ajoutons maintenant à la partie mobile du système deux petites sphères égales, dont nous connaissons la densité et le rayon, disposons ces deux petites sphères *symétriquement* par rapport à l'axe de rotation, le moment d'inertie est très facilement calculable (1); soit, en effet, ΔK le moment d'inertie de ce petit appendice; si nous observons les oscillations du nouvel équipage, nous mesurerons m_1, et de plus :

$$\frac{1}{m_1} = \frac{K + \Delta K}{A},$$

d'où :

$$K = \frac{m_1}{m - m_1}\,\Delta K. \tag{15}$$

Ce calcul trouvera sa complète application, lorsqu'on étudiera une décharge dans un galvanomètre balistique.

Cas d'un couple sinusoïdale non amorti. — Supposons que le couple soit de la forme période suivante :

$$M = a.\cos\Omega t + b\sin\Omega t,$$

l'équation générale devient :

$$K\frac{d^2\theta}{dt^2} + A\frac{d\theta}{dt} + B\theta = a.\cos\Omega t + b\sin\Omega t,$$

ou bien, avec les notations précédemment adoptées :

$$\frac{d^2\theta}{dt^2} + 2m\frac{d\theta}{dt} + n^2\theta = a_1\cos\Omega t + b_1\sin\Omega t,$$

la solution générale est :

$$\theta = \alpha\cos\Omega t + \beta\sin\Omega t + e^{-mt}(\mu'\cos\omega t + \nu'\sin\omega t), \tag{17}$$

dans laquelle :

$$\left.\begin{aligned}
\alpha &= \frac{a_1(n^2 - \Omega^2) - 2b_1 m\Omega}{(n^2 - \Omega^2)^2 + 4m^2\Omega^2}, \\[2mm]
\beta &= \frac{2a_1 m\Omega + b_1(n^2 - \Omega^2)}{(n^2 - \Omega^2)^2 + 4m^2\Omega^2},
\end{aligned}\right\} \tag{18}$$

---

(1) Si l'on appelle d la distance en cm. des centres de chaque sphère à l'axe, r la valeur du rayon de chaque sphère en cm., ρ la densité de la matière homogène dont chaque sphère est composée, le moment d'inertie de l'appendice est :

$$\Delta K = \frac{4}{15}\,\pi.r^3.\rho\,(6.r^2 + 5.d^2).$$

On le vérifiera facilement.

α et β sont ainsi des coefficients bien déterminés, quant à

$$e^{-mt}(\mu' \cos \omega t + \nu' \sin \omega t),$$

c'est la solution générale de l'équation sans second membre

$$\frac{d^2\theta}{dt^2} + 2m\,\frac{d\theta}{dt} + n^2\theta = 0.$$

On voit que l'oscillation θ ne *rappellera pas la forme du couple impulseur*, à moins toutefois que **K** et **A** *soient extrêmement faibles par rapport à* B, et alors on aura :

$$B\theta = a\cos\Omega t + b\sin\Omega t.$$

Cette remarque a reçu son application dans **la réalisation des** oscillographes ; nous examinerons particulièrement **dans un autre** fascicule l'oscillographe remarquable de M. Blondel.

Toutefois, les valeurs de (α) données par les équations (18) montrent que, si Ω^2 *est grand par rapport à m et à* n^2, les expressions α et β sont *très petites;* dans ce cas l'oscillation ne dépendra plus *pratiquement* de la période du couple; en pratique, c'est le **cas** où on se trouvera le plus *généralement.*

Cas le plus général. — Supposons que le couple périodique soit de la forme : K $[h + \psi(t)]$ dans laquelle h est une constante et $\psi(t)$ une expression périodique (1) exprimée sous forme de série de Fourier (2).

Supposons de plus que, sous l'action de ce couple périodique, l'équipage prenne une position d'équilibre correspondant à $\theta = \theta_0$; l'équation générale devient :

$$K\left[\frac{d^2\theta}{dt^2} + 2m\,\frac{d\theta}{dt} + n^2\theta\right] = K(h + \psi(t)),$$

ou, en posant $h = n^2\theta_1$:

$$\frac{d^2(\theta - \theta_1)}{dt^2} + 2m\,\frac{d(\theta - \theta_1)}{dt} + n^2(\theta - \theta_1) = \psi(t) ;$$

---

(1) $\psi(t) = a_1 \sin(\omega t + \varphi_1) + a_2 \sin(2\omega t + \varphi_2) + a_3 \sin(3\omega t + \varphi_3) + \ldots$

(2) Fourier (Jean-Baptiste-Joseph), le célèbre auteur de la théorie mécanique de la chaleur, est né à Auxerre en 1768, mort à Paris en 1830 ; professeur d'analyse à l'Ecole polytechnique, il résigna en 1798 ces fonctions pour accompagner l'armée d'Egypte. Préfet de l'Isère de 1802 à 1815, membre de l'Académie des sciences et de l'Académie française.

en faisant l'hypothèse qu'après quelques instants $\theta = \theta_0$, on a exprimé que $\theta_0 - \theta_1$, après ces quelques instants, est pratiquement constant et égal à $\theta_0 - \theta_1$; de sorte que $\frac{d^2(\theta - \theta_1)}{dt^2}$ et $\frac{d(\theta - \theta_1)}{dt}$ *sont nuls après les* premiers instants. En conséquence, si T_1 **est la période** complète de $\psi(t)$ et qu'on intègre de qT_1 à $\mathbf{(q+1)\,T_1}$ (q étant un nombre *quelconque* tel qu'au temps $\mathbf{qT_1}$, **l'**équipage mobile ait déjà atteint la position de repos), **on aura** :

$$n^2 \int_{qT_1}^{(q+1)T_1} (\theta - \theta_1)\,dt = \int_{qT_1}^{(q+1)T_1} \psi(t)\,dt \,;$$

or, **l'**intégration, suivant une période complète de $\psi(t)$, donne **com**me résultat zéro, par suite :

$$n^2 \int_{qT_1}^{(q+1)T_1} (\theta - \theta_1)\,dt = 0,$$

mais, comme $\theta - \theta_1$ est très sensiblement constant, on aura :

$$n^2 (\theta - \theta_1)\,T = 0,$$

et ainsi,

$$\theta_0 - \theta_1 = 0 \qquad \text{ou} \qquad \theta_0 = \theta_1 = \frac{h}{n^2} \,;$$

nous verrons, dans un des fascicules suivants, que le cas, que nous venons d'examiner, est précisément celui qui se présentera lorsqu'on mesurera le voltage (ou l'intensité) d'une dynamo à courant continu. Ce voltage se composera, en effet, d'une partie constante h et d'une partie périodique, dont la période dépendra du nombre de tours-minute de la machine ainsi que du nombre des lames du collecteur.

Classification des galvanomètres. — Il y a deux catégories de galvanomètres :

1° Les galvanomètres à aimant mobile et à circuit fixe ;

2° Les galvanomètres à circuit mobile et à aimant fixe.

Nous ne citerons dans chaque catégorie que les appareils généraux que nous allons énumérer, renvoyant pour la description détaillée des galvanomètres aux fascicules qui traitent du sujet. Nous allons décrire les appareils suivants dans la première catégorie :

a) Galvanomètre de Lord Kelvin ;

b) Galvanomètre marin.

Dans la deuxième catégorie, nous décrirons les appareils suivants :
    c) Galvanomètre Deprez d'Arsonval, type apériodique ;
    d) Galvanomètre Deprez d'Arsonval-Carpentier, type balistique.

Galvanomètres de Lord Kelvin. — Considérons deux petits aimants horizontaux, parallèles, disposés à la façon de deux côtés opposés d'un rectangle, pratiquement égaux comme dimensions et comme moment magnétique; supposons, de plus, ces aimants dirigés en sens contraires.

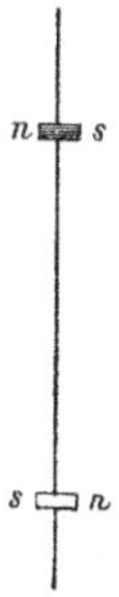

Si ces aimants sont suspendus par une tige rigide AB (fig. 4) susceptible de tourner autour de son axe, le couple qui dirigera ces aimants, de moment magnétique $\mathfrak{M}_1$ et $\mathfrak{M}_2$, dans un champ dont la composante horizontale est $\mathfrak{K}$, sera :

$$\mathfrak{K}\,(\mathfrak{M}_1 - \mathfrak{M}_2)\sin\alpha,$$

en appelant α l'angle que fait la direction des aimants et la composante $\mathfrak{K}$.

On voit ainsi que ce couple, *toutes choses égales d'ailleurs*, sera d'autant plus faible que $\mathfrak{M}_1 - \mathfrak{M}_2$ sera plus petit, autrement dit, le champ directeur $\mathfrak{K}$ ne produira sur le système de ces aimants qu'une action extrêmement faible.

Fig. 4.

Un tel système s'appelle : *Equipage astatique.*

Ceci dit, supposons que l'on entoure le premier aimant par une bobine enroulée dans un sens et le second aimant par une bobine enroulée en sens contraire, puis que l'on lance dans chacune de ces bobines, mises en série, un courant i ; dans ces conditions, le système astatique sera d'une extrême *sensibilité à l'action du courant.* Les figures 5, 6 et 7 donnent la représentation de l'appareil construit par J. Carpentier; on voit d'abord l'appareil complètement monté, puis l'appareil dégarni d'une de ses bobines, enfin le dessin de la bobine elle-même. Les connexions des bobines entre elles sont assurées automatiquement par le montage lui-même, à cet effet, les extrémités des fils des bobines aboutissent aux vis de serrage des bobines sur le bâti.

Pour préciser, supposons les faces de la bobine parallèles au champs $\mathfrak{K}$; nous aurons, sous l'action du courant i, une déviation α par rapport à la direction $\mathfrak{K}$, la condition d'équilibre s'exprimera par l'équation suivante :

$$A_1.\mathfrak{M}_1.i.\cos\alpha + A_2.\mathfrak{M}_2.i.\cos\alpha = (\mathfrak{M}_1 - \mathfrak{M}_2)\,\mathfrak{K}.\sin\alpha,$$

A_1 et A_2 étant les constantes définissant magnétiquement les bobines. Si nous supposons que ces bobines sont égales et disposées de la

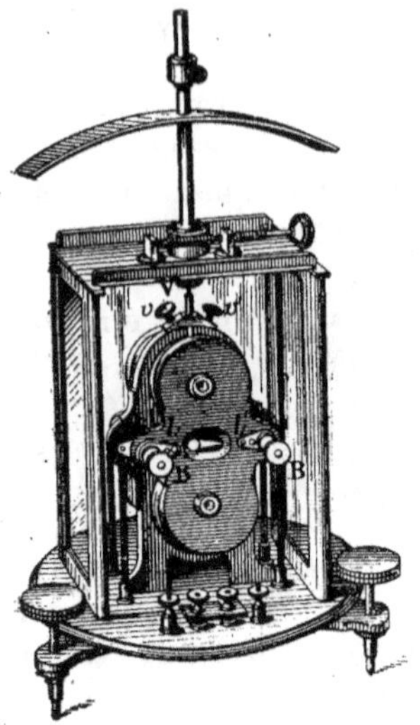

Fig. 5.

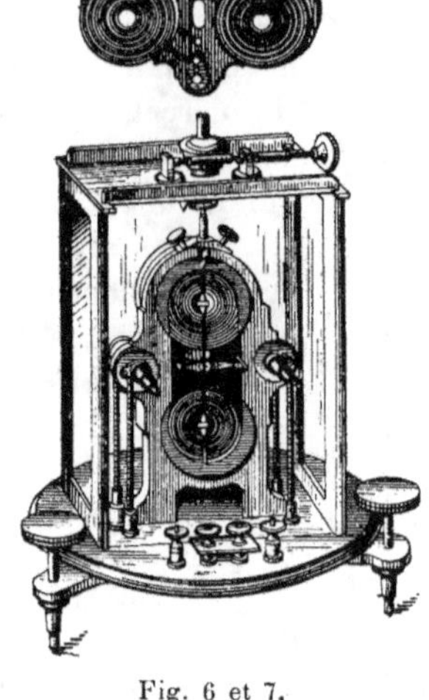

Fig. 6 et 7.

même façon par rapport à chaque aimant, nous aurons :

$$A_1 = A_2 = A,$$

de sorte que l'équation précédente devient ainsi, après transformation :

$$\operatorname{tg} \alpha = A.i \frac{\mathfrak{M}_1 + \mathfrak{M}_2}{\mathfrak{M}_1 - \mathfrak{M}_2} \times \frac{1}{\mathfrak{H}}.$$

Nous voyons immédiatement que, pour le même système de deux bobines et le même courant, la déviation sera d'*autant plus grande* que :

Les valeurs $\dfrac{\mathfrak{M}_1 - \mathfrak{M}_2}{\mathfrak{M}_1 + \mathfrak{M}_2}$ et $\mathfrak{H}$ *seront plus petites.*

Nous voyons également que toutes les autres caractéristiques restant constantes, $\operatorname{tg} \alpha$ est proportionnel à i.

Pour que $\dfrac{\mathfrak{M}_1 - \mathfrak{M}_2}{\mathfrak{M}_1 + \mathfrak{M}_2}$ soit le plus petit possible, on s'appliquera à ce que les deux aimants soient le plus sensiblement égaux possible.

Pour que $\mathfrak{H}$ soit le plus petit possible, on pourra procéder de deux façons, en apparence, distinctes, suivant que l'appareil est destiné aux mesures à effectuer sur la terre ferme ou en mer.

Galvanomètre terrestre. — Le champ qui sera naturellement utilisé est le champ terrestre ; représentons-le en grandeur et en direction par $\mathcal{H}_1$, (fig 8). Plaçons au-dessus de l'équipage mobile un aimant horizontal, dit aimant directeur, symétriquement disposé par rapport à l'équipage mobile ; le point central de cet aimant sera, par conséquent, sur le prolongement du fil de suspension de l'équipage. La figure 5 permet de voir

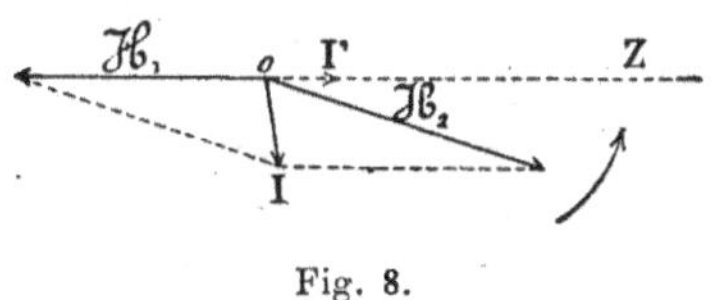

Fig. 8.

l'aimant directeur, de forme circulaire, au-dessus du reste de l'appareil.

Cet aimant directeur peut se déplacer suivant la verticale et autour d'un axe vertical en laiton prolongement du fil de suspension (fig. 5) ; grâce à cette double possibilité de déplacement, il sera très facile de faire varier la composante horizontale du champ déterminé par l'aimant directeur aux *environs des petits aimants de l'équipage*. Soit $\mathcal{H}_2$ cette composante horizontale ; elle se composera avec $\mathcal{H}_1$, la résultante en sera $\mathcal{H}' = OI$; les aimants du petit équipage prendront donc cette direction OI. Si l'on fait maintenant tourner l'aimant directeur dans le sens de la flèche, le point I, quand $\mathcal{H}_2 > \mathcal{H}_1$, tournera dans le même sens ; par suite lorsque $\mathcal{H}_2$ sera opposé à $\mathcal{H}_1$, $\mathcal{H}'$ (ou OI) sera de même sens que $\mathcal{H}_2$; dans ce cas limite, OI sera venu en OI' sur oZ.

Remontons maintenant l'aimant directeur, $\mathcal{H}_2$ diminuera ; si ce mouvement d'ascension est lent, si, de plus, après chaque petit déplacement ascensionnel, nous faisons tourner l'aimant directeur autour de l'axe, il arrivera un moment où, en faisant cette dernière opération, toujours dans le même sens de rotation, nous constaterons que les petits aimants de l'équipage prennent une orientation, de bout pour bout, opposée à celle qu'ils prenaient pour la même direction de l'aimant directeur, lorsque toutefois celui-ci était à une hauteur un peu inférieure à celle qu'il occupe actuellement. Si l'on consulte la figure 8, on s'assurera que OI' a changé de sens sur oZ, dès que l'action $\mathcal{H}_2$, de plus grande qu'elle était par rapport à H_1, est devenue plus petite ; la région où se trouve l'aimant directeur correspond donc au maximum de sensibilité de l'appareil, puisqu'il correspond à une position telle que le champ directeur qui agit sur les petits aimants est devenu infiniment petit.

L'appareil terrestre de la construction J. Carpentier est représenté par les figures 5, 6, 7. L'équipage mobile est composé d'une tige légère en aluminium. La figure 7 donne l'aspect de l'appareil, lorsqu'une de ces faces, supportant deux bobines, est enlevée.

M. P. Weiss a perfectionné le galvanomètre de Thomson, afin de lui permettre de réaliser un astatisme bien plus parfait encore; il a constitué l'équipage par deux aiguilles aimantées, placées verticalement (fig 9), mais de façon que leurs pôles de noms contraires soient en regard. Si la verticalité est parfaite, un champ uniforme détermine pour chacune des aiguilles, prise isolément, un couple dont l'axe est horizontal; ce système est donc absolument astatique, même si les aiguilles n'ont pas exactement un moment magnétique identique. Comme, au point de vue extérieur, nous avons la même disposition relative des pôles des petits aimants, cet équipage mobile peut se monter avec les bobines du galvanomètre ordinaire Thomson.

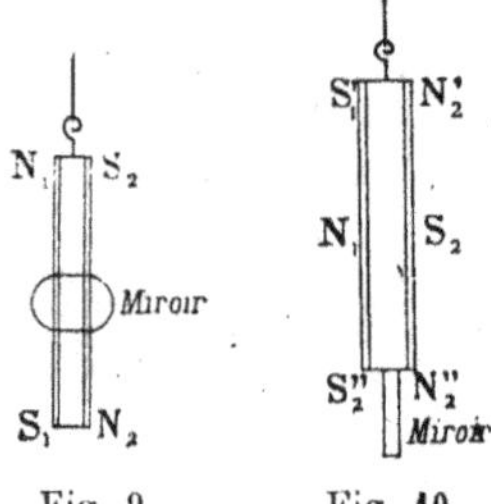

Fig. 9. Fig. 10.

M. Broca a amélioré encore le galvanomètre précédent; il substitue à chacune des deux aiguilles verticales une aiguille à *point conséquent*, c'est-à-dire une aiguille présentant un pôle en son milieu et deux autres pôles aux extrémités, ces deux derniers étant nécessairement de noms contraires à celui du milieu (fig. 10). Les pôles du milieu sont de noms contraires pour les deux aiguilles. Chaque aiguille est soumise à un couple de moment nul dans un champ uniforme, *quelle que soit son orientation;* le système des deux aiguilles est donc parfaitement astatique quand bien même celles-ci ne seraient pas rigoureusement verticales. Les pôles du milieu forment un ensemble équivalent à un petit aimant horizontal, c'est en regard de ce milieu qu'est placé le centre de l'unique bobine multiplicatrice; le champ directeur est obtenu en disposant, dans la région des extrémités inférieures des aiguilles, un aimant auxiliaire minuscule dont on pourra régler la distance et la direction de façon à obtenir l'orientation voulue de l'équipage mobile.

Ce galvanomètre fonctionne d'une façon absolument satisfaisante.

Galvanomètre marin. — Sur un bateau, le champ terrestre variera à tout instant par rapport à l'équipage mobile du galvanomètre, on ne peut donc pas utiliser ce champ pour participer à la création du champ directeur. On enveloppe tout l'appareil d'une boîte en acier qui, comme nous l'expliquerons plus loin, jouera le rôle d'un écran magnétique, c'est-à-dire interceptera tout le champ terrestre au point que, dans l'intérieur de la boîte, il n'y aura pas trace de ce champ. On obtiendra ensuite un champ $\mathcal{H}'$, fixe par rapport au galvanomètre, en disposant dans l'intérieur de la boîte deux petits aimants réglables de l'extérieur. Tout l'appareil est suspendu à la cardan.

On peut aussi, pour cet usage, employer un galvanomètre Broca également suspendu à la cardan.

Galvanomètre Deprez d'Arsonval. — Ce galvanomètre est la reproduction d'un appareil utilisé par Sir W. Thomson pour la télégraphie sous-marine. Entre les deux branches d'un fort aimant permanent (fig. 11), on dispose une bobine rectangulaire verticale enroulée sur un cadre rigide isolé et léger; cette bobine constitue un équipage mobile surmonté d'un miroir M, les fils de suspension de la bobine amènent le courant. Dans l'intérieur de l'équipage se trouve un anneau de fer doux pour concentrer le champ.

Si nous supposons que (fig. 12), aucun courant ne passant, l'équipage est en équilibre quand les faces du cadre sont parallèles aux lignes du champ, nous aurons pour valeur du champ embrassé par le cadre lorsque celui-ci occupe une position inclinée d'un angle θ sur la position d'équilibre :

$$\mathcal{H}.\text{S}.\sin\theta,$$

où S est la surface du cadre des fils, et $\mathcal{H}$ le champ uniforme régnant entre les extrémités de l'aimant.

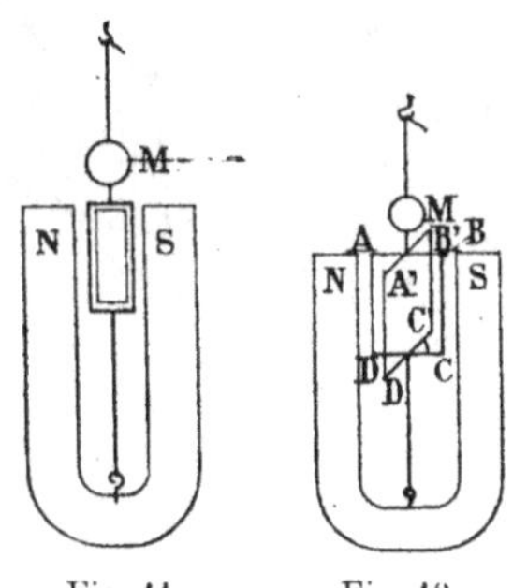

Fig. 11.　　　Fig. 12.

L'énergie électromagnétique nécessaire à ce déplacement es
donc :

$$W = \mathcal{H}.S.N.i.\sin\theta,$$

où N est le nombre de spires de la bobine, i le courant qui traverse cette bobine.

Le couple électromagnétique est donc :

$$\frac{dW}{d\theta} = \mathcal{H}\,SN\,i.\cos\theta,$$

$$= \mathcal{H}.S.N\,i\left(1 - \frac{\theta^2}{1.2} + \frac{\theta^4}{1.2.3.4} - \cdots\right);$$

comme, dans les mesures, θ est très petit, on se limitera pratique-

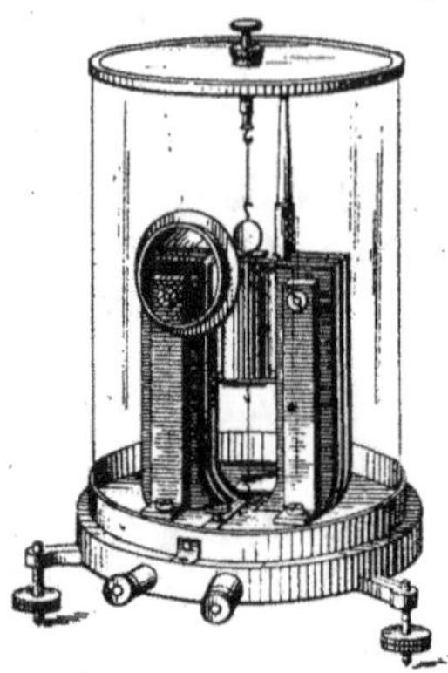

Fig. 13.

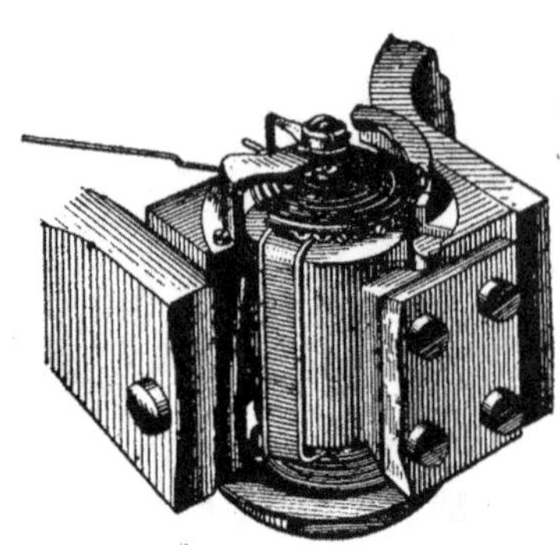

Fig. 14.

ment, avec une très grande approximation, au premier terme de la
série du second membre, et on aura :

$$\frac{dW}{d\theta} = \mathcal{H}.S.N.i;$$

l'équation fondamentale de la page 3 pourra donc s'écrire :

$$\frac{d^2\theta}{dt^2} + 2m\frac{d\theta}{dt} + n^2\theta = \frac{\mathcal{H}.S.N.i}{K};$$

or, en posant :

$$n^2\theta_0 = \frac{\mathcal{H}.S.N\,i}{K},$$

on a vu que θ_0 donnait précisément l'angle correspondant à la position d'équilibre, donc :

$$\theta_0 = \frac{\mathcal{H}.S.N.i}{K} \times \frac{K}{B} = \frac{\mathcal{H}.S.Ni}{B}.$$

Nous rappelons que B *est le couple de torsion du fil de suspension.*

Ce type de galvanomètre est universellement employé; la figure 13 donne une représentation d'un appareil de laboratoire réalisé par la maison J. Carpentier. Dans l'industrie, au lieu de suspendre l'équipage mobile par un double fil, on remplace ce fil par deux ressorts du genre de ceux employés en horlogerie, la figure 14 donne la réalisation industrielle de l'équipage d'un appareil de ce genre construit par la maison américaine Weston.

Shunt. — La sensibilité des galvanomètres, surtout celle relative au type Thomson, est très considérable; cette sensibilité peut même devenir une grosse gêne pour leur emploi dès qu'on étudie des courants non infiniment petits; car, alors, l'équipage se trouve *violemment* projeté jusqu'aux limites de sa course.

On peut, sans modifier l'appareil, parer à cet inconvénient en

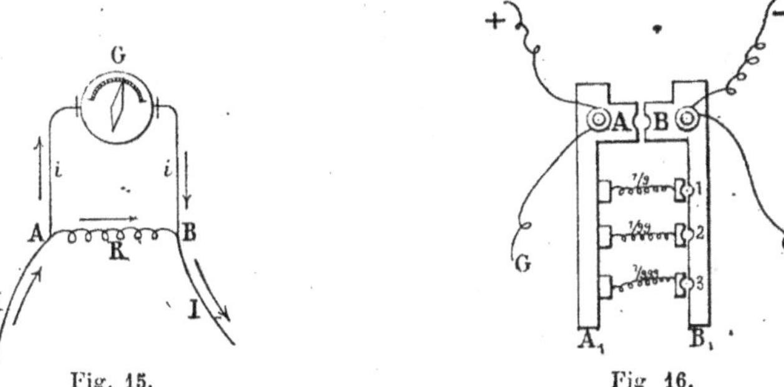

Fig. 15.   Fig. 16.

ne laissant circuler dans les circuits d'un galvanomètre qu'une dérivation prise sur une résistance disposée en série dans le circuit total.

Supposons (fig. 15) que nous connections chacune des bornes d'un galvanomètre G avec les bornes d'une résistance R, si r est la résistance du galvanomètre, I le courant qui traverse le circuit général, i celui qui traverse le galvanomètre, nous aurons, en appliquant les lois de Kirchhoff :

$$i.r = (I - i)R,$$

et ainsi :

$$i = \frac{R}{R + r}\, I = \frac{1}{1 + \dfrac{r}{R}} \times I.$$

En général, on dispose r de façon que :

$$1 + \frac{r}{R_1} = 10, \quad 1 + \frac{r}{R_2} = 100 \quad \text{et} \quad 1 + \frac{r}{R_3} = 1.000,$$

et par suite :

$$R_1 = \frac{1}{9}\, r, \quad R_2 = \frac{1}{99}\, r \quad \text{et} \quad R_3 = \frac{1}{999}\, r.$$

Ces shunts permettent ainsi de réduire la sensibilité dans le rapport de 1 à 10, de 1 à 100 ou de 1 à 1.000.

La figure 16 donne une disposition schématique de l'appareil shunt adjoint à un galvanomètre donné. On voit qu'en plaçant en 2, par exemple, une fiche métallique, on réduit au centième la sensibilité de l'appareil.

Galvanomètre balistique, type Deprez d'Arsonval. — Application à une mesure des grandes résistances par la méthode dite de la perte de charge. — Ces galvanomètres, représentés schématiquement par la figure 17, différent du type dit apériodique des mêmes auteurs, non par le principe, mais par la valeur relative des coefficients organiques ; ainsi l'équipage mobile e possède des dimensions considérables par rapport à celles du même objet dans le modèle ordinaire ; le champ magnétique est aussi mieux concentré entre les pôles conséquents P et P' des deux aimants accolés F et F' grâce à la présence d'un fort noyau parallélipipédique en fer doux D. La durée T d'une oscillation simple sera très longue par rapport à celle du galvanomètre apériodique, ce n'est là qu'une conséquence des théories précédentes ; si, en effet, le moment d'inertie est considérable, m est très petit, ainsi que n, donc ω doit être très petit puisque :

$$m^2 - n^2 = \overline{\omega}^2 \left(\sqrt{-1}\right)^2;$$

or :

$$T = \frac{2\pi}{\omega};$$

donc T est très grand.

Comme modèle d'application de cet appareil, nous allons

décrire un procédé de mesure de grandes résistances par la méthode
dite de la perte de charge.

Une clé à trébuchement (aa', qq', dd') permettra (fig. 18) de
mettre en communication métallique, soit q avec d et q' avec d',
soit q avec a et q' avec a'. Aux points d et d' viennent aboutir les

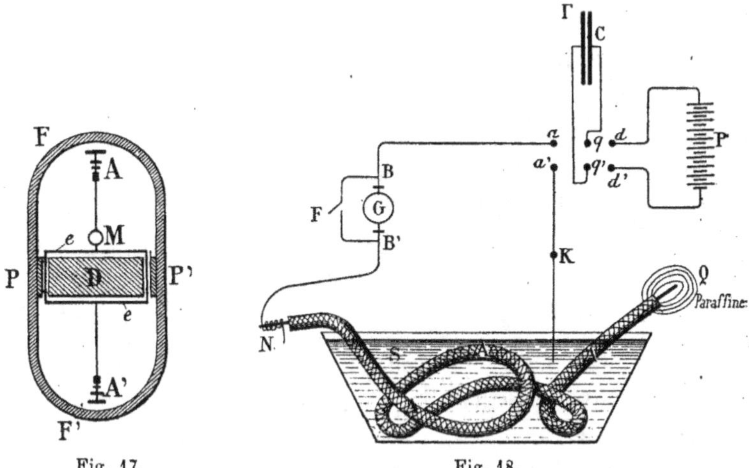

<table>
<tr><td>Fig. 17.</td><td>Fig. 18.</td></tr>
</table>

extrémités d'une pile P, aux points q et q' les armatures d'un condensateur Γ de capacité C connu, enfin aux points a et a' viennent
aboutir les extrémités d'un circuit composé par un galvanomètre
balistique G, par l'âme d'un câble A noyé dans l'eau légèrement salée
S d'un bassin suffisamment étendu, par l'isolant de ce câble par
l'eau salée et par un fil isolé K a' dont une des extrémités dénudées
est noyée dans l'eau S, tandis que l'autre est reliée au point a'.

Ceci posé, mettons les points q en communication avec les
points d, le condensateur Γ de capacité C se chargera ; si V_0 est alors
le voltage de la pile P, la charge du condensateur sera :

$$Q = CV_0,$$

Trébuchons notre clé de façon que les points q communiquent
avec les points a ; soit v le voltage de notre condensateur à une
époque variable de la décharge de celui-ci dans le circuit du galvanomètre et du câble, soit encore I le courant de décharge, nous aurons :

$$I dt = dq = C dv,$$

où dq est la quantité d'électricité soustraite au condensateur pendant le temps dt, dv la chute de potentiel du condensateur. Durant cette décharge, la clé F du galvanomètre court-circuite celui-ci.

D'autre part, pendant ce temps très court, on a :

$$I = \frac{v}{R},$$

d'où on déduit facilement :

$$\frac{dt}{R} = C\,\frac{dv}{v},$$

en appelant R la grande résistance offerte par l'isolant du câble A ; intégrons pendant le temps T, on aura :

$$R = \frac{T}{CL\left(\dfrac{V}{V_0}\right)},$$

où V est le potentiel au moment où on arrête la décharge

Il faut maintenant calculer $\dfrac{V}{V_0}$. A cet effet, nous déconnecterons *avec soin* les points q et les points a, et, après avoir enlevé l'extrémité de a'K de l'eau, nous connecterons ce bout de fil avec l'extrémité ·N de B′N détachée préalablement du câble. Ouvrant alors la clé F, nous relierons les points q et les points a, le condensateur se déchargera complètement dans le galvanomètre pendant un temps très court τ. Le couple instantané appliqué à l'équipage mobile, du fait du courant de décharge, sera de la forme $G \times i$; G est ici une constante dépendant du galvanomètre et i la valeur instantanée de la décharge ; nous nous trouvons placés dans le cas déjà examiné, page 12, d'un couple initial instantané, et ce que nous avons appelé $\Phi(t)$ n'est autre que $G.i$, on a donc :

$$K.u = \int G\,i\,dt = G \int dq = G.C.V;$$

dans cette formule, K est le moment d'inertie de l'équipage mobile, u l'impulsion correspondant à la décharge CV. Rechargeons maintenant, avec la *même* pile P, le condensateur par la manœuvre de la clé, puis déchargeons-le dans le galvanomètre, nous aurons :

$$K u_0 = G.C.V_0,$$

où u_0 est l'impulsion correspondant à la décharge CV_0. On aura donc :

$$\frac{u}{u_0} = \frac{V}{V_0},$$

mais, on a vu que si l'on appelle :

θ_1 et θ_3 les deux premières élongations *impaires* lues sur le galvanomètre relativement à la première décharge, on avait :

$$\frac{2\pi}{T}\left(\theta_1 + \frac{\theta_1 - \theta_3}{4}\right) = u;$$

si θ'_1 et θ'_3 sont les deux premières élongations *impaires* lues sur le galvanomètre relativement à la deuxième décharge, on avait :

$$\frac{2\pi}{T}\left(\theta'_1 + \frac{\theta'_1 - \theta'_3}{4}\right) = u_0,$$

et, par suite :

$$\frac{V}{V_0} = \frac{\theta_1 + \dfrac{\theta_1 - \theta_3}{4}}{\theta'_1 + \dfrac{\theta'_1 - \theta'_3}{4}},$$

ainsi, la valeur de R devient :

$$R = \frac{T}{C\left[L\left(\theta_1 + \dfrac{\theta_1 - \theta_3}{4}\right) - L\left(\theta'_1 + \dfrac{\theta'_1 - \theta'_3}{4}\right)\right]}.$$

Nous renvoyons pour plus de développement aux fascicules spéciaux sur les mesures.

Electrodynamomètres et wattmètres. Généralités. — Lorsqu'on met en présence dans l'air, deux circuits parcourus par les courants I et I', nous avons vu que l'énergie relative du système ainsi constitué est exprimée algébriquement par la formule

$$W = M.I.I',$$

dans laquelle le facteur M, coefficient d'induction mutuelle des deux circuits, est une fonction *géométrique* du système, si les deux circuits sont noyés dans l'air.

On conçoit, dès maintenant, que l'un des deux circuits peut

être mobile et qu'il peut donner par son déplacement des indications servant à la mesure du produit II′.

Mais le facteur M varie avec la position de l'équipage mobile et la proportionnalité entre W et le produit II′ cesse dès qu'on a toléré un déplacement fini de la bobine mobile.

C'est pour cette raison qu'on ramène souvent au zéro la déviation de la bobine mobile des électrodynamomètres; c'est alors la torsion du fil de suspension du cadre mobile qui permettra de repérer la valeur de (II′).

Supposons donc qu'une des bobines soit fixe et que l'autre soit suspendue à un fil; au repos, lorsque (II′) est nul, $W = 0$. Si donc, C est le couple mécanique qui fait équilibre au couple électrodynamique dans une position quelconque, mais déterminée, de l'équipage, nous aurons, en appelant θ l'angle de déviation à partir du repos :

$$C\,d\theta = d\mathrm{M}.(\mathrm{II}'),$$

d'où, comme conséquence :

$$C = \frac{d\mathrm{M}}{d\theta}\,(\mathrm{II}').$$

Dans le cas où ce couple mécanique, qui peut être le couple de torsion d'un fil de suspension ou le couple de poids agissant sur un plateau d'une balance dont le fléau serait rigidement lié à la bobine mobile, dans le cas où ce couple, disons-nous, est choisi de façon à maintenir la bobine mobile dans la position correspondant *au repos*, $[\theta = 0]$, la dérivée $\frac{d\mathrm{M}}{d\theta}$ de la fonction M par rapport à θ sera, *dans cette hypothèse*, constante, sa valeur s'obtiendra, en effet, en faisant $\theta = 0$ dans $\frac{d\mathrm{M}}{d\theta}$. Cette constante de l'appareil $\left(\frac{d\mathrm{M}}{d\theta}\right)_{\theta=0} = k$ sera déterminée, une fois pour toutes, par un étalonnage préalable; la connaissance de k permettra de connaître le produit II′.

Electrodynamomètre absolu de M. Pellat. — Cet électrodynamomètre (fig. 19) se compose d'une bobine cylindrique fixe A ; cette bobine très longue est très régulièrement enroulée de façon à ce que, dans la partie centrale, le champ puisse être, en toute rigueur, considéré comme parallèle à l'axe de la bobine et être égalé à :

$$\mathcal{H} = 4\pi n_1 \mathrm{I},$$

dans cette formule, n_1 est le nombre de spires par centimètre de longueur, I est le courant circulant dans la spire.

La bobine mobile B est placée au centre de la grande bobine, de façon à ce que son axe soit vertical, elle fait corps avec le fléau F

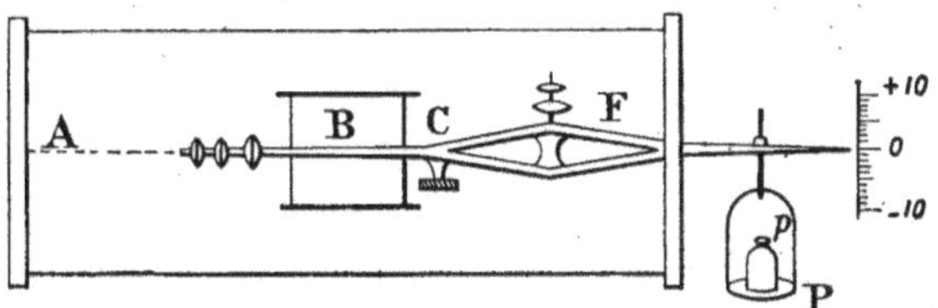

Fig. 19.

d'une balance pivotant autour du couteau C ; deux fils d'argent, *extrêmement fins et souples*, sont tordus suivant deux à trois spires cylindriques, leur axe commun est disposé sur le prolongement de l'arête du couteau C de suspension du fléau ; ces fils servent à conduire le courant dans la bobine mobile *sans apporter de couples perturbateurs appréciables au système*. Si S est la surface moyenne des spires de la bobine mobile parcourue par le courant I', le couple, par spire moyenne, sera :

$$\mathcal{K}SI' = 4.\pi.n_1.S.I.I',$$

si la bobine mobile a n spires, le couple total sera :

$$4\pi nn_1 SII',$$

auquel il faut ajouter un couple dû au champ terrestre ; la valeur de ce couple est donnée par la formule K.I', dans laquelle K est une constante pour l'époque et le lieu.

Le couple total sera donc :

$$4\pi n_1 n.S.I.I' + KI' ;$$

si a est la longueur du fléau, m la masse des poids nécessaires pour maintenir l'équilibre, on aura :

$$4\pi n_1.n.S.I.I' + K.I' = mga ;$$

en renversant le sens de I' et I, si m' est alors la masse des poids nécessaires pour maintenir l'équilibre, on aura :

$$4\pi n_1 n.S.I.I' - KI' = m'ga,$$

et, en faisant la somme :

$$I.I' = \frac{(m + m').g.a}{8.\pi.n_1.n.S},$$

si l'on suppose que :

$$I = I',$$

on aura :

$$I^2 = \frac{(m + m').g.a}{8.\pi.n_1.n.S}.$$

Sur le même principe, lord Kelvin a construit des appareils remarquables appelés balances de Thomson, qu'on trouvera décrites en détail dans les ouvrages spéciaux sur les mesures.

Electrodynamomètre de Weber. — Si, maintenant, l'axe de la bobine fixe étant toujours supposé horizontal, la bobine mobile avait également son axe horizontal, perpendiculaire à l'axe précédent dans la position de repos : si, de plus, la bobine mobile, au lieu de faire corps avec un fléau de balance, avait été suspendue à un bifilaire dont C serait le coefficient de torsion, on aurait eu, en appelant α l'angle de déviation :

$$(4.\pi.n_1 n.S.I.I' + KI')\cos\alpha = C\sin\alpha,$$

ou encore :

$$4\pi n_1 n.S.I.I' + KI' = C\,\mathrm{tg}\,\alpha;$$

en renversant alors le courant I et le courant I' dans les bobines, on aurait eu :

$$4\pi n_1 n.S.II' - KI' = C\,\mathrm{tg}\,\alpha',$$

par suite :

$$II' = C.\frac{\mathrm{tg}\,\alpha + \mathrm{tg}\,\alpha'}{2} \times \frac{1}{4\pi n_1 n S}.$$

Si l'on fait en sorte que $I = I'$, on aura ainsi pour calculer I la formule :

$$I^2 = C\frac{\mathrm{tg}\,\alpha + \mathrm{tg}\,\alpha'}{2} \times \frac{1}{4\pi n_1 n S}.$$

En général, on effectue des mesures par réduction au zéro, on tord le bifilaire de façon à ce que la bobine mobile garde la position invariable qu'elle a naturellement au repos; dans ces condi-tions, en vertu de ce que nous avons dit, page 27 :

$$C_1 = k . \text{II}' + K . \text{I}',$$

et, en renversant les courants :

$$C_2 = k \, \text{II}' - K\text{I}';$$

or, C_1 et C_2 sont de la forme $C \sin\beta_1$, et $C \sin\beta_2$ où β_1 et β_2 sont les angles de torsion du bifilaire, de sorte que :

$$\text{II}' = \frac{C}{2k} \, (\sin\beta_1 + \sin\beta_2),$$

la constante $\dfrac{C}{2k}$ se détermine, dans la pratique, par un étalonnage préalable.

Cas particulier. — Supposons que I soit le courant continu d'une utilisation desservie sous le voltage V, si I′ est le courant d'une déri-vation sous le voltage V, c'est-à-dire aux bornes de l'utilisation, par l'intermédiaire d'une *grande* résistance connue R, nous aurons :

$$\text{I}' = \frac{\text{V}}{\text{R}},$$

autrement dit :

$$\frac{\text{I} . \text{V}}{\text{R}} = C \, \frac{\text{tg}\,\alpha + \text{tg}\,\alpha'}{2} \, \frac{1}{4\pi n_1 n \, \text{S}};$$

or, I.V est l'expression de la puissance absorbée dans l'utilisation, $\dfrac{C \, R}{4\pi n_1 n \, S}$ sera une *constante k′* de l'appareil, de sorte qu'à l'aide de deux lectures d'angles, on connaîtra la puissance :

$$k' \times \frac{\text{tg}\,\alpha + \text{tg}\,\alpha'}{2}$$

dépensée dans l'utilisation.

Quand un électrodynamomètre est ainsi disposé, on lui donne le nom de *wattmètre*. Ces appareils sont l'objet d'un fascicule spécial auquel nous renvoyons pour plus amples détails.

CHAPITRE II

Le champ magnétique et les corps magnétiques.

Précisions sur l'énergie relative de deux courants et sur l'énergie intrinsèque d'un courant. — Nous avons démontré que l'énergie relative de deux courants I et I_2 était donnée par la relation :

$$W = M.I.I_2,$$

dans laquelle M est une expression purement géométrique des éléments des contours des circuits et de leurs positions relatives l'un par rapport à l'autre. Il est toutefois nécessaire de bien préciser le

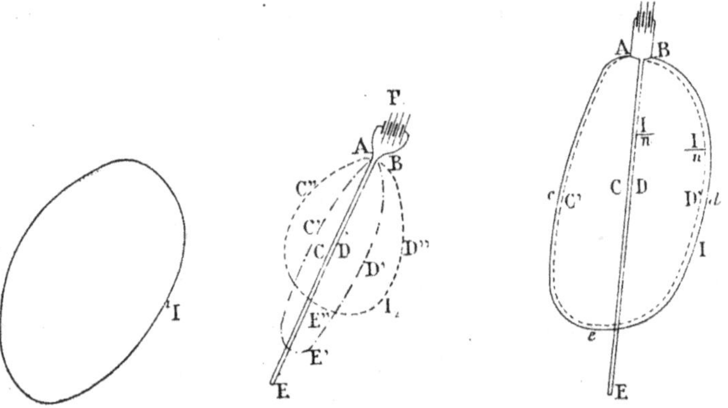

<table>
<tr><td>Fig. 20.</td><td>Fig. 20 bis.</td></tr>
</table>

sens de ce théorème ; à cet effet, supposons (fig. 20) que le circuit parcouru par I reste invariable de forme et de position ; de plus, supposons que I_2 soit maintenu aplati depuis les bornes A et B de la source qui l'entretient, de façon à présenter l'aspect ACEDB de deux fils accolés l'un à l'autre. Dans ces conditions, d'après une loi découverte par Ampère et déjà énoncée au fascicule précédent, l'action extérieure de ce courant I_2 est nulle au point de vue électromagnétique ; si l'on ne retient pas ce circuit I_2, *supposé constitué en fil très souple*, dans cette position, il va tendre à s'ouvrir et passera par des positions successives AC'E'D'B, puis AC"E"D"B ; pour ce faire, chaque source, comme nous l'avons dit, fournira la quantité d'énergie nécessaire à ce développement ; il sera donc fourni, *conjointement* par les deux sources, le double de l'énergie nécessaire au travail de développement du circuit I_2 contre l'action des forces électromagnétiques, et, ainsi, *l'un et l'autre* des deux circuits auront bien emprunté à leurs sources une énergie relative égale, nous l'avons déjà vu, à :

$$W = M.I.I_2.$$

Prenons maintenant (fig. 20 *bis*) un courant I alimenté par une source P, ce courant de forme AcedB sera laissé invariable de forme et de résistance pendant tout le temps que notre opération durera. Branchons ensuite, entre les bornes A et B de la source, un circuit composé de deux fils très fins, *infiniment souples*, aplatis l'un contre l'autre ACEDB, de même *longueur totale* que le circuit AcedB ; nous pourrons disposer de la résistance du deuxième circuit, de façon à ce que le courant déterminé par la source P soit petit et égal au $\frac{1}{n}$ de I ou à dI. Ceci posé, si l'on ne maintient plus les deux fils accolés, l'expérience montre que ces fils *infiniment souples* vont s'écarter ; et, en les dirigeant convenablement dans leur développement, on les amènera à se rapprocher infiniment près du circuit AcedB. La source P, dans cette opération, fournira *à l'un et à l'autre des circuits* l'énergie nécessaire à la déformation du circuit parcouru par le courant dI contre l'action des forces électromagnétiques, de sorte que *chacun* des deux circuits aura bien emprunté à leur source commune (fasc. III, pages 96 et 97) une énergie relative égale à :

$$dW = \mathcal{L}.I.dI,$$

où $\mathcal{L}$ est une expression purement géométrique des éléments du contour et des angles que ces divers éléments forment entre eux. Une part de l'énergie dépensée par la source est nécessaire aux travaux effectués par le développement du circuit parcouru par dI, l'autre part égale est l'énergie intrinsèque du circuit AcedB parcouru par le courant I. On déduira comme conséquence que l'énergie intrinsèque du courant est bien, comme nous l'avons vu :

$$W = \frac{1}{2} \, \mathcal{L}.I^2.$$

Autre forme de l'énergie totale de deux courants. — Nous avons vu au fascicule troisième, page 97, que l'énergie totale de deux courants I_1 et I_2 était donnée par la formule :

$$W = \frac{1}{2} \, (\mathcal{L}_1 I_1^2 + 2MI_1I_2 + \mathcal{L}_2 I_2^2). \tag{1}$$

Considérons d'abord le terme de W qui donne l'énergie relative des deux courants I_1 et I_2, savoir MI_1I_2.

Nous savons que cette énergie relative peut s'exprimer encore par l'énoncé suivant :

L'énergie mutuelle de deux courants (1) est égale au produit de l'intensité d'un des courants I_1 *par le flux de force qui, émané du deuxième courant* I_2, *traverse son contour en pénétrant par la face négative.*

Or, le courant I_2 crée un flux qui peut se décomposer en deux : l'un Φ'_2 enlace le courant I_1 en entrant *par la face négative*, l'autre Φ''_2 n'enlace pas le courant I_1 (2).

Le flux total Φ_2 créé par le courant I_2 est donc :

$$\Phi_2 = \Phi'_2 + \Phi''_2. \tag{2}$$

En appelant W_R, l'énergie relative des deux courants I_1 et I_2, on aura :

$$W_R = \Phi'_2 \times I_1. \tag{3}$$

---

(1) On peut se convaincre facilement de l'exactitude de cet énoncé en remarquant que : si un courant I_1 est équivalent à un feuillet $\mathcal{P}_1$ occupant la même situation, si, de plus, un deuxième courant I_2 est équivalent à un feuillet $\mathcal{P}_2$ occupant la même position que lui, on a, d'après un théorème déjà démontré (fasc. III, page 94), entre les énergies relatives de 2 feuillets d'une part et des 2 courants équivalents d'autre part :

— (Énergie relative entre feuillets) = Énergie relative entre courants.

En se reportant ensuite à la page 29 de ce même troisième fascicule, on pourra déduire, de la valeur de l'énergie relative entre feuillets, l'énergie relative entre deux courants équivalents.

(2) Si le flux entrant par la face négative était, dans une application, égale à — 350 maxwells, par exemple, on remplacerait dans les calculs finaux de cette application Φ'_2 par — 350.

Or, étudions d'abord ce qui se passe pour un tube fermé élémentaire appartenant à Φ'_2, soit $\Delta\Phi'_2$ la valeur de ce flux élémentaire, nous pourrons évaluer l'expression de :

$$\Delta\Phi'_2 \times I_1,$$

puis, il nous suffira de sommer tous ces résultats pour avoir W_R, de sorte qu'*évidemment* on a :

$$W_R = \Sigma\Delta\Phi'_2 \times I_1, \tag{4}$$

ou encore :

$$W_R = \frac{1}{4\pi} \Sigma\Delta\Phi'_2 \times 4\pi I_1. \tag{5}$$

Remarquons maintenant que, si nous considérons un point M du tube $\Delta\Phi'_2$, nous aurons en ce point (fig. 21) le champ $\mathcal{H}_1$ dû au

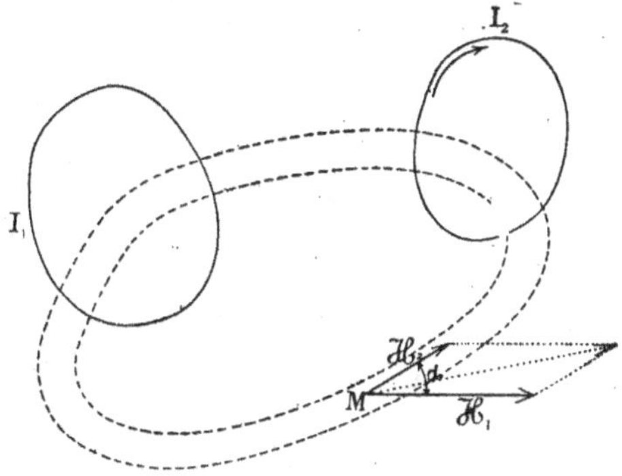

Fig. 21.

courant I_1 et le champ $\mathcal{H}_2$ dû au courant I_2, ces deux vecteurs faisant entre eux l'angle α. L'unité de masse positive décrivant sous l'action du champ $\overline{\mathcal{H}}_1$ le circuit tracé par l'axe du tube $\Delta\Phi'_2$, son travail, après un tour exact, sera :

$$4\pi I_1 = \int_{\text{contour}} \mathcal{H}_1 . \cos\alpha . dl, \tag{6}$$

en sorte que l'équation (5) peut s'écrire :

$$W_R = \frac{1}{4\pi} \Sigma\Delta\Phi'_2 \int_{\text{contour}} \mathcal{H}_1 . \cos\alpha . dl, \tag{7}$$

ou encore, en remarquant que, ds étant la section du tube de force en M, on a $\mathcal{H}_2.ds = \Delta\Phi'_2$, et ainsi :

$$W_R = \frac{1}{4\pi} \Sigma\, ds \int_{\text{contour}} \mathcal{H}_1.\mathcal{H}_2.\cos\alpha.dl, \tag{8}$$

ce qui peut s'écrire encore avec une intégrale triple s'étendant *a volume total intéressant le flux* Φ'_2 :

$$W_R = \frac{1}{4\pi} \int\int\int \mathcal{H}_1.\mathcal{H}_2.\cos\alpha.dv. \tag{9}$$

Considérons la même intégrale :

$$A = \frac{1}{4\pi} \int\int\int \mathcal{H}_1\,\mathcal{H}_2.\cos\alpha.dv \tag{10}$$

étendue au volume total du flux Φ''_2, nous allons démontrer que $A = 0$.

En effet, étudions ce qui se passe pour un tube fermé de Φ''_2, nous aurons, en remarquant que $\mathcal{H}_2.ds = \Delta\Phi''_2$:

$$\Delta A = \frac{1}{4\pi} \mathcal{H}_2.ds \int_{\text{contour}} \mathcal{H}_1.\cos\alpha.dl, \tag{11}$$

mais l'intégrale $\int \mathcal{H}_1.\cos\alpha.dl$ étendue au contour fermé que décrit l'axe de $\Delta\Phi''_2$ est *nulle*, puisque c'est le travail de l'unité de masse positive sur un chemin fermé *n'enlaçant pas* le courant I_1, nous avons donc :

$$\Delta A = 0 \qquad \text{et} \qquad A = 0.$$

On a donc :

$$W_R = \frac{1}{4\pi} \int\int\int_{\Phi'_2} \mathcal{H}_1.\mathcal{H}_2.\cos\alpha.dv + \frac{1}{4\pi} \int\int\int_{\Phi''_2} \mathcal{H}_1.\mathcal{H}_2.\cos\alpha.dv,$$

et, en vertu de la relation (2) :

$$W_R = \frac{1}{4\pi} \int\int\int_{\Phi_2} \mathcal{H}_1.\mathcal{H}_2.\cos\alpha.dv, \tag{12}$$

c'est-à-dire que cette intégrale est étendue à *l'espace tout entier*.

On en conclut immédiatement :

Énergie relative :

$$M.I_1.I_2 = \frac{1}{4\pi} \int\int\int \mathcal{H}_1.\mathcal{H}_2.\cos\alpha.dv ; \tag{13}$$

Énergie intrinsèque : $\dfrac{1}{2} \mathcal{L}_1 . I_1 . I_1 = \dfrac{1}{8\pi} \int\int\int \mathcal{H}_1^2 . dv$; (14)

Énergie intrinsèque : $\dfrac{1}{2} \mathcal{L}_2 . I_2 . I_2 = \dfrac{1}{8\pi} \int\int\int \mathcal{H}_2^2 . dv$. (15)

En faisant la somme membre, nous aurons :

$$W = \dfrac{1}{2}(\mathcal{L}_1 . I_1^2 + 2M.I_1 I_2 + \mathcal{L}_2 . I_2^2) = \dfrac{1}{8\pi} \int\int\int (\mathcal{H}_1^2 + \mathcal{H}_2^2 + 2\mathcal{H}_1 . \mathcal{H}_2 . \cos\alpha)\,dv, \quad (16)$$

l'intégrale étant étendue à tout l'espace, or, si nous appelons $\mathcal{H}$ le champ résultant de $\mathcal{H}_1$ et $\mathcal{H}_2$, nous aurons évidemment :

$$\mathcal{H}^2 = \mathcal{H}_1^2 + \mathcal{H}_2^2 + 2\mathcal{H}_1 . \mathcal{H}_2 \cos\alpha,$$

et ainsi :

$$W = \dfrac{1}{2}(\mathcal{L}_1 . I_1^2 + 2M.I_1 . I_2 + \mathcal{L}_2 . I_2^2) = \dfrac{1}{8\pi} \int\int\int \mathcal{H}^2\,dv, \quad (17)$$

l'intégrale étant étendue à tout l'espace.

On a ainsi démontré le théorème suivant :

THÉORÈME. — *Pour avoir l'énergie totale emmagasinée par l'ensemble des deux courants I_1 et I_2, il faudra diviser l'espace en volumes infiniment petits, évaluer le produit par de du carré de la valeur du champ au centre du volume, puis additionner toutes ces expressions et multiplier enfin leur total par l'inverse de 8π.*

Localisation de l'énergie magnétique suivant les idées. de Maxwell. — Maxwell (1), pour répartir l'énergie à *l'état latent, conséquence de l'existence d'un champ*, suppose que chaque élément de volume *dv* du champ emmagasine, pour sa part, une quantité d'énergie égale à

$$\dfrac{1}{8\pi} \mathcal{H}^2\,dv,$$

$\mathcal{H}$ étant la valeur du champ au centre du petit volume considéré ;

---

(1) MAXWELL (James-Clerk), physicien anglais génial, né à Edimbourg en 1831, mort à Cambridge en 1879. Les œuvres de Maxwell sont généralement d'une lecture assez difficile comme celles, en général, des précurseurs. *Électricité et Magnétisme* a été traduit en français par M. Seligmann-Luy ; les œuvres de Maxwell ont été commentées par M. H. Poincaré ; voir *Électricité et Optique*, de cet auteur.

les énergies intrinsèques élémentaires des courants I_1 et I_2 seront
suivant les idées de Maxwell :

$$\frac{1}{8\pi}.\mathcal{H}_1^2.dv \qquad \text{et} \qquad \frac{1}{8\pi}.\mathcal{H}_2^2.dv, \tag{18}$$

où $\mathcal{H}_1$ est le champ créé par le courant I_1, $\mathcal{H}_2$ le champ créé par le
courant I_2 ; l'énergie élémentaire relative des courants I_1 et I_2 en
présence sera :

$$\frac{1}{4\pi}\,\mathcal{H}_1.\mathcal{H}_2.\cos\alpha.dv. \tag{19}$$

où α est l'angle des vecteurs champs $\mathcal{H}_1$ et $\mathcal{H}_2$.

Il est nécessaire de faire, au sujet de cette hypothèse de Maxwell,
une petite digression. Nous avons démontré plus haut, en nous
appuyant sur ce qui précède, que l'énergie totale était donnée par
la formule (17) :

$$W = \frac{1}{8\pi}\iiint \mathcal{H}^2.dv. \tag{17}$$

Comme, en pratique, nous n'évaluerons pas l'énergie localisée
dans un élément infiniment petit du champ, mais bien une *intégration* de ces énergies infinitésimales, nous voyons qu'en fin de compte
ce sera la formule (17) que nous serons amenés à appliquer sous
des formes différentes peut-être. Ainsi donc, cette hypothèse de
Maxwell, présentée *à cet endroit de nos raisonnements*, ne peut pas
être considérée, à proprement parler, comme une hypothèse nouvelle (1), mais bien comme une simple illustration extrêmement

---

(1) Le fait d'admettre, comme nous l'avons fait dans un chapitre précédent, que l'énergie nécessaire au déplacement d'un aimant dans un champ est empruntée au courant lui-
même, est une hypothèse véritable, et d'ailleurs, une controverse s'est engagée à ce sujet
entre Helmholtz et J. Bertrand. Tandis que, dans l'état actuel de nos raisonnements, l'hypothèse de Maxwell sur la localisation de l'énergie prend l'aspect d'une représentation commode et simple du mécanisme de distribution de l'énergie latente ; mais, de même que la
loi de Laplace peut être fausse sans altérer le résultat final entre *quantités non fictives*, de
même l'hypothèse de Maxwell peut être aussi éloignée de la vérité qu'on voudra, sans
nuire pour cela aux résultats entre quantités finies. En somme, l'hypothèse de Maxwell
constitue l'illustration la plus simple et la plus élégante du phénomène.

Cette hypothèse a aussi l'avantage d'enrayer nos suppositions sur le mécanisme du phénomène magnétique en fournissant à notre esprit une croyance toute faite qui la satisfasse,
parce qu'elle est très plausible et très simple et lui donne ainsi une sérieuse raison de n'en
point chercher d'autre.

commode pour mettre en évidence les résultats de la formule (17).

Si l'on procède par analogie, on voit aussi combien la supposition de Maxwell est naturelle. En effet, un poêle vient de chauffer une enceinte imperméable ; il est clair, dirons-nous, que l'énergie produite par le poêle s'est répartie entre les plus petits éléments de volume de l'enceinte, personne ne songera à contredire cette affirmation, car il semble que donner sur ce fait si simple le moindre commentaire risquerait d'affaiblir l'idée bien nette que chacun a de ce phénomène calorifique. Cependant, pourquoi est-ce si clair ? — tout uniment, parce que la chaleur est susceptible *d'émouvoir nos terminaisons nerveuses*, que nous sommes en présence d'idées acquises naturellement, *presque à notre insu*, depuis que nous avons conscience de nous-mêmes et du monde extérieur. Un être *fictif*, qui serait insensible à la chaleur, s'étonnerait de nous voir considérer comme évidente une chose aussi complexe pour ses sens, tandis qu'un autre être *fictif*, qui serait très sensible aux actions magnétiques, s'étonnerait très probablement de nous voir refuser d'admettre, sans discussion, ce postulatum de Maxwell, qui paraît, à lui, absolument indéniable (1). Dans l'un et l'autre cas (chaleur fournie et champ magnétigne produit), il y a fourniture d'énergie, de sorte que si l'on veut bien ne pas laisser à nos impressions nerveuses la direction absolue de nos raisonnements, il est tout aussi naturel d'admettre que cette énergie latente, conséquence d'un champ créé, se soit répandue de *proche en proche* dans tout l'espace, ce, *suivant une loi rationnelle*, plutôt que de la localiser en une région imprécisée quelconque.

---

(1) L'hirondelle, le pigeon, le goëland, l'abeille, la fourmi, etc., etc., possèdent, *de façon indéniable*, d'après les travaux récents des naturalistes, le sens précis de la direction que les hommes, et probablement tous les mammifères, ne possèdent pas ; il n'est donc nullement absurde de faire cette supposition qu'il existe des animaux possédant des sens que nous ignorons totalement.

Au surplus, ce que nous appelons propriétés des corps ne sont que les différentes manières des corps extérieurs de frapper nos sens. Il y a donc beaucoup de probabilités, vu la faiblesse de nos moyens naturels, que la plupart du temps la *propriété essentielle* véritablement caractéristique d'un corps nous échappe jusqu'au jour où un cerveau d'élite, préparé par l'ambiance que les travaux de ses devanciers ont créée, signale tout à coup la propriété fondamentale et cause ainsi dans une branche de la science, une série de progrès merveilleux. Souvent, très souvent même, l'ambiance des idées en enfantement agit en même temps sur plusieurs cerveaux différents : Newton, Leibnitz et Fermat découvrirent séparément, en suivant des routes d'apparence différente, le calcul infinitésimal.

Il faut bien remarquer qu'il n'y a fourniture d'énergie qu'*aux moments seuls des fluctuations du champ* ; un champ constant a emmagasiné une énergie pour se constituer, mais il n'y a plus aucune variation d'énergie, *de son fait*, dès l'instant où il a acquis une valeur constante.

Généralisation au cas de plus de deux courants en présence. — Si nous avons plusieurs courants en présence $I_1, I_2 \ldots I_p \ldots I_q \ldots I_n \cdot$, produisant chacun en un point Q un champ magnétique respectivement égal à : $\mathcal{H}_1, \mathcal{H}_2 \ldots \mathcal{H}_p \ldots \mathcal{H}_q \ldots \mathcal{H}_n$; si, de plus, $\alpha_{p.q}$ est l'angle des champs $\mathcal{H}_p$ et $\mathcal{H}_q$ au point Q, on aura :

Énergie totale $= \sum$ Énergies intrinsèques $+ \sum$ Énergies mutuelles, et ainsi :

$$W = \frac{1}{8\pi} \sum_{p=1}^{p=n} \iiint \mathcal{H}_p^2 \, dv + \frac{1}{4\pi} \sum_{\substack{p \\ q}=1}^{\substack{p \\ q}=n} \iiint \mathcal{H}_p . \mathcal{H}_q . \cos \alpha_{p,q} . dv,$$

ou encore :

$$W = \frac{1}{8\pi} \iiint \sum_{\substack{p \\ q}=1}^{\substack{p \\ q}=n} (\mathcal{H}_p^2 + 2\mathcal{H}_p . \mathcal{H}_q . \cos \alpha_{p,q}) \, dv.$$

Mais si, au point Q, on détermine la résultante $\mathcal{H}$ des champs $\mathcal{H}_1, \mathcal{H}_2 \ldots \mathcal{H}_n$, on aura, d'après un théorème de géométrie élémentaire de projection :

$$\mathcal{H}^2 = \sum_{\substack{p \\ q}=1}^{\substack{p \\ q}=n} (\mathcal{H}_p^2 + 2\mathcal{H}_p . \mathcal{H}_q . \cos \alpha_{p,q}) ;$$

par conséquent, nous avons démontré la loi générale relative à l'énergie totale *immobilisée* par l'action de *n* courants en présence :

$$W = \frac{1}{8\pi} \iiint \mathcal{H}^2 \, dv,$$

dans laquelle $\mathcal{H}$ est le vecteur du champ résultant en Q de tous les champs produits séparément par chacun des courants $I_1, I_2 \ldots I_n$.

Le magnétisme dans les divers milieux. — Quand, après avoir créé un champ magnétique dans l'air, on déplace un morceau de bois où un morceau de fer, on reconnaît, aux déplacements d'une petite aiguille aimantée placée en un point quelconque, que le morceau de fer a, dans son déplacement, brassé les lignes de champ, alors que tous les mouvements du morceau de bois laissent l'aiguille insensible. C'est donc comme conséquence d'expériences qu'on peut dire : il y a deux catégories de corps, ceux dont les déplacements dans l'air (ou dans le vide) n'ont aucune influence sur la distribution des champs magnétiques et ceux dont les déplacements influent sur la distribution des champs magnétiques. La première catégorie de corps qui se comportent, aux températures ordinaires, comme l'air ambiant et le bois seront appelés corps magnétiquement neutres ou indifférents, les autres se partagent en corps magnétiques et en corps diamagnétiques, comme nous les avons classifiés à la page 16 du 3me fascicule.

Une autre propriété, révélée par une expérience facile à faire, est la suivante : les corps dont les déplacements influent sur la distribution des champs magnétiques présentent toutes les propriétés apparentes des aimants ; une aiguille aimantée placée dans leur voisinage est orientée dans leur direction.

Nous allons étudier d'abord le problème important suivant :

Problème. — Considérons un espace indéfini où des masses magnétiques de *grandeur invariable* (1) sont réparties à poste fixe. Cet espace est supposé être le vide, c'est donc dans l'éther que les masses magnétiques sont supposées distribuées. Ceci admis, on remplit ce vide indéfini : 1° par de l'air, 2° par une matière *absolument homogène* Σ ; on demande d'étudier comparativement le champ magnétique dans le premier et dans le deuxième cas.

Soient m_1, m_2.....m_n, les *mesures* des masses invariables réparties à poste fixe dans l'espace, nous supposerons ces masses définies dans le *système C. G. S. électromagnétique ordinaire*, c'est-à-dire définies par la condition que la masse magnétique unité est tel

---

(1) Au lieu de supposer des masses magnétiques de grandeur invariable, on pourrai supposer des courants constants invariables de position et de forme.

qu'elle repousse, *dans l'air*, une masse égale distante d'un centimètre avec une force égale à une dyne, nous allons préalablement
démontré le lemme suivant préliminaire :

*Dans la substitution de la matière Σ à l'air, la disposition
des lignes de force n'aura pas été altérée, mais l'intensité du
champ aura été, en chaque point, multipliée par une certaine
constante.*

En effet, dans l'air, chaque force élémentaire f_{air} sera de la
forme :

$$\frac{m_p \cdot m_q}{r_{p,q}^2} = f_{\text{air}} ;$$

à cette force élémentaire correspondra, dans la matière Σ, une
force f_Σ de *même direction*, mais dont l'intensité sera

$$\frac{1}{\mu} \times \frac{m_p \cdot m_q}{r_{p,q}^2} = f_\Sigma.$$

A une combinaison de forces dans l'air, correspondra donc une
combinaison de forces *proportionnelles* dans la matière Σ ayant *respectivement* même direction ; la résultante des forces dans l'air et la
résultante des forces dans la matière Σ auront alors la même direc-
tion, mais l'intensité de la seconde sera $\left(\frac{1}{\mu}\right)$ fois supérieure à l'intensité de la première ; ce raisonnement suppose que le système
d'unités auquel on se réfère est le système électromagnétique C.G.S.
ordinaire.

Ceci posé, soient M_1, M_2, M_3.... M_n l'expression de la *mesure* des
mêmes masses magnétiques déjà envisagées, mais évaluées dans un
autre système électromagnétique C.G.S ; dans ce nouveau système,
la masse unité repoussera, *dans la matière* Σ, une masse égale
distante de 1 centimètre avec une force égale à une dyne, on déduira
immédiatement :

$$\frac{M_1}{m_1} = \frac{M_2}{m_2} = \dots = \frac{M_n}{m_n} = \frac{1}{\sqrt{\mu}}.$$

Avec cette convention, nous aurions été amenés à un système
(A) électromagnétique C.G.S aussi *cohérent* que le système électromagnétique ordinaire ; les formules énergétiques, 12 à 17 inclus

des pages 35, 36, eussent été retrouvées sous une *écriture identique;* *nous eussions eu comme expression de l'énergie répartie dans l'espace* supposé composé par la matière Σ (page 36) *la même formule, nous aurions été ainsi amenés de la même façon à conclure* que, si $\mathcal{H}'$ est la valeur du champ au point X *dans la matière* Σ [$\mathcal{H}'$ *étant évalué dans le système d'unités* (A)], nous avions comme énergie emmagasinée, exprimée en ergs, relativement au volume dv :

$$\frac{1}{8\pi}\,\mathcal{H}'^{2}.dv.$$

En ce point X règne, *avec l'air comme milieu*, un champ $\mathcal{H}_1$ évalué dans le système d'unités électromagnétiques C.G.S *ordinaire ;* avec ce *même* système ordinaire d'unités électromagnétiques, le champ, *avec la matière* Σ *comme milieu*, aurait pour valeur $\mathcal{H}$. Il nous faut calculer $\mathcal{H}'$ en fonction de $\mathcal{H}$.

Remarquons, à cet effet, que si, *dans l'air*, nous avions eu aux places respectivement occupées par m_1, m_2,..... m_n des masses dont les valeurs en unités électromagnétiques ordinaires eussent été M_1, M_2, ...M_n, telles par conséquent que :

$$M_1 = \mu^{-\frac{1}{2}}.m_1, \quad M_2 = \mu^{-\frac{1}{2}}.m_2, \ldots, M_n = \mu^{-\frac{1}{2}}.m_n,$$

le champ eût été exprimé par $\mathcal{H}'$ en unités électromagnétiques C.G.S *ordinaires*, il eût été, de plus en chaque point, orienté de la même façon. Or, la valeur du champ dépend de celle du potentiel, de sorte que si nous remarquons qu'au point X on a, dans l'air :

Avec les masses $m_1, m_2,\ldots m_n$ $V_1 = \sum \dfrac{m}{r}$,

Avec les masses $M_1, M_2,\ldots M_n$ $V' = \mu^{-\frac{1}{2}} \sum \dfrac{m}{r} = \mu^{-\frac{1}{2}} V_1$,

nous aurons, par conséquent, en ce même point X :

$$\mathcal{H}_1 = \frac{dV_1}{dn}, \qquad \mathcal{H}' = \mu^{-\frac{1}{2}}.\frac{dV_1}{dn},$$

c'est-à-dire :

$$\mathcal{H}' = \mu^{-\frac{1}{2}}\mathcal{H}_1 ;$$

or, d'après une remarque faite au début de cette démonstration :

$$\mathcal{H} = \frac{1}{\mu}\,\mathcal{H}_1,$$

et, par suite :

$$\mathcal{H}' = \mu^{\frac{1}{2}}\,\mathcal{H}.$$

Il en résulte qu'avec le *système électromagnétique ordinaire*, l'expression de l'énergie emmaganisée, au point X dans le volume *dv* occupé par la matière Σ, est :

$$\frac{\mu.\mathcal{H}^2.dv}{8\,\pi}.$$

Si donc, dans une portion limitée Y de l'espaee de très *peu d'étendue dv*, nous *supposons une distribution de potentiel magnétique invariable*, et, par suite, un champ magnétique constant $\mathcal{H}$, nous aurons emmagasiné en Y une énergie :

$\dfrac{\mu.\mathcal{H}^2}{8\,\pi}\,dv$, lorsque la portion Y sera remplie de la matière Σ, et :

$\dfrac{\mathcal{H}^2}{8\pi}\,dv$, lorsque la portion Y sera remplie par l'air.

On a ainsi, en changeant l'air par de la matière Σ, augmenté la contribution d'énergie emmagasinée *en apparence* par Y, cette augmentation est égale à :

$$\frac{(\mu - 1).\mathcal{H}^2.dv}{8\,\pi}.$$

Corps magnétiques, corps diamagnétiques. — Si en première analyse, nous supposons μ constant quel que soit $\mathcal{H}$, la mise *en relief* du facteur $(\mu - 1)$ va nous permettre de distingner *avec précision* les corps magnétiques des corps diamagnétiques. On se rendra compte que les définitions nouvelles que nous allons donner prochainement doivent être retenues de préférence à celles indiquées, provisoirement et de façon sommaire, aux pages 14 et 32 du fascicule n° 3.

Corps magnétiques. — Les corps magnétiques sont ceux pour lesquels la valeur de μ reste toujours supérieure à 1.

Corps magnétiquement indifférents. — Les corps magnétiquement indifférents sont ceux pour lesquels la valeur de μ est constamment égale à 1, tel l'air, le vide, etc., etc.

Corps diamagnétiques. — Les corps diamagnétiques sont ceux pour lesquels la valeur positive μ est toujours inférieure à 1.

Toutefois μ n'est pas une constante, le phénomène se complique encore d'un autre phénomène *irréversible* qu'on a appelé hystérésis et que nous étudierons en détail à la page 80 et suivantes. On verra que, dans la réalité, un corps magnétique, dès qu'il est soumis à l'action d'un champ, ne cesse de varier, c'est-à-dire que son énergie interne varie avec le champ d'une manière irréversible. On exposera aussi comment μ varie profondément avec la température, de telle façon que plus s'élève la température et plus les corps voient disparaître leurs propriétés magnétiques.

Les développements qui vont suivre, ainsi que ceux qui précèdent, supposent, jusqu'à mention contraire, que la fonction μ est constante quel que soit $\mathcal{H}$. Ces raisonnements subsisteraient même encore en supposant μ fonction uniforme et continue de $\mathcal{H}$, c'est-à-dire telle qu'*à une valeur de $\mathcal{H}$ corresponde une valeur, et une seule de μ et que la dérivée de μ par rapport au vecteur $\mathcal{H}$ soit unique et déterminée*. Si, en effet, μ n'est pas fonction uniforme de $\mathcal{H}$, l'expression :

$$\frac{1}{8\pi} \int \mu . \mathcal{H}^2 \, dv$$

n'aura plus par elle-même *aucun sens précis*, cette fonction ne pourra plus être considérée sans quelques développements supplémentaires que nous serons amenés à faire au moment opportun. On doit comprendre déjà ainsi combien il est peu précis de considérer μ comme dénué de dimensions.

Avec ces hypothèses un peu fictives, puisqu'aucun corps magnétique réel ne répond aux conditions qu'elles supposent, nous établirons toutes les propriétés générales de l'électromagnétisme ; puis, nous généraliserons rigoureusement tous les résultats ainsi obtenus de façon à les étendre à tous les corps magnétiques.

Induction magnétique. — **Son calcul**. — Considérons d'abord un très petit cylindre droit en acier (ou un parallélipipède) de section S et de hauteur dl ; ce cylindre, placé dans un champ magnétique normal à sa base, s'aimantera, et tout se passera, extérieurement au petit cylindre, comme si l'on avait transporté dans le champ $\mathcal{H}$ les deux faces chargées d'un feuillet magnétique. Comme le champ magnétique inducteur est normal aux bases du barreau, les lignes de force sont parallèles à l'axe géométrique du barreau.

Ceci posé, soit (fig. 22) A_0B_0AB le barreau considéré et :

$\mathcal{H}_0$, le champ *inducteur* dans la région réduite considérée A_0B_0AB, c'est-à-dire celui qui régnerait, dans la région considérée, *si le petit cylindre magnétique n'existait pas* ;

$\mathcal{H}$, le champ inducteur dans les autres régions de l'espace ;

$\mathcal{H}_1$, le champ que le petit aimant induit détermine dans les diverses régions de l'espace ;

du, le volume du petit barreau ; $du = S.dl$;

R, les parties de l'espace autres que celle occupée par du ;

$\mathfrak{I}$, l'intensité d'aimantation du barreau (moment magnétique de l'unité de volume);

m, la masse de magnétisme induit sur la face AB ;

$— m$, la masse de magnétisme induit sur la face A_0B_0 ;

α, l'angle des champs $\mathcal{H}$ et $\mathcal{H}_1$ en un point de l'espace ;

V_{AB}, le potentiel en AB et $V_{A_0B_0}$ le potentiel sur A_0B_0 ;

Le champ $\mathcal{H}$ étant fourni, par exemple, par des courants fixes *maintenus constants*, nous appellerons régime primitif celui où le champ inducteur règne seul, *soit sans barreau, soit sans masses apportées*. Nous allons réaliser, par deux voies *différentes*, deux champs *identiques* puis nous écrirons que les énergies nécessaires supplémentaires pour passer du régime primitif à l'un ou

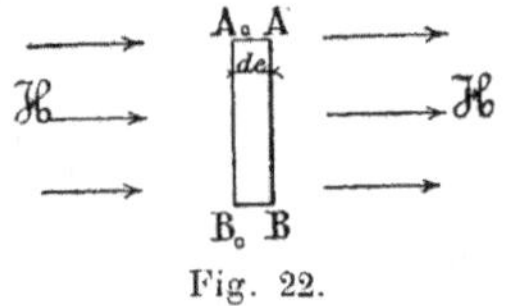

Fig. 22.

l'autre des deux régimes sont équivalentes. Il est entendu que le barreau étant infiniment aplati dans la direction des lignes de champ, sa présence ne modifiera que d'un infiniment petit supérieur la distribution du potentiel magnétique.

a) Nous amènerons de l'infini dans le champ deux masses $— m$ et $+ m$ que nous placerons, la première sur AB et la dernière sur A_0B_0 ;

b) Nous amènerons de l'infini le petit barreau dans sa position ABA_0B_0 de la figure 22.

L'énergie supplémentaire à fournir à partir du régime primitif

se compose dans le premier cas de la somme des travaux nécessaires :
1° au transport (1) de l'infini des masses $(+m)$ et $(-m)$ en leurs

---

(1) Supposons un champ créé par des masses magnétiques

$$M_1 \text{ au potentiel } V_1,$$
$$M_2 \text{ au potentiel } V_2,$$
$$\cdot \quad \cdot \quad \cdot \quad \cdot \quad \cdot \quad \cdot \quad \cdot$$
$$\cdot \quad \cdot \quad \cdot \quad \cdot \quad \cdot \quad \cdot \quad \cdot$$
$$M_n \text{ au potentiel } V_n ,$$

l'énergie relative de ces masses en présence sera (fasc. 1, p. 62) :

$$W = \frac{1}{2} \Sigma \, (M_1 V_1 + \ldots + M_n V_n).$$

Supposons qu'on amène de l'infini en ABA_0B_0 deux masses m égales et de signes contraires, lorsqu'elles seront en place :

$$M_1 \text{ sera au potentiel } V'_1,$$
$$M_2 \text{ sera au potentiel } V'_2,$$
$$\cdot \quad \cdot \quad \cdot \quad \cdot \quad \cdot \quad \cdot \quad \cdot$$
$$\cdot \quad \cdot \quad \cdot \quad \cdot \quad \cdot \quad \cdot \quad \cdot$$
$$M_n \text{ sera au potentiel } V'_n ,$$

l'énergie relative de l'ensemble sera :

$$W' = \frac{1}{2} \Sigma \, (M_1 V'_1 + \ldots + M_n V'_n) + \frac{1}{2} \, (m \, V_{AB} - m \, V_{A_0B_0}),$$

de sorte que l'augmentation ΔW :

$$\Delta W = \frac{1}{2} \left\{ \Sigma \, (M_1 V'_1 + \ldots + M_n V'_n) - \Sigma \, (M_1 V_1 + \ldots + M_n V_n) \right\} + \frac{1}{2} \, m \, (V_{AB} - V_{A_0B_0}).$$

On peut écrire encore cette relation sous la forme :

$$\Delta W = \frac{1}{2} \Sigma \, (M_1 . \Delta V_1 + \ldots + M_n . \Delta V_n) + \frac{1}{2} \, m \, (V_{AB} - V_{A_0B_0}) ;$$

or, on sait que le travail nécessaire au déplacement est, d'autre part, donné par :

$$\Delta W = m \, (V_{AB} - V_{A_0B_0}),$$

on voit que :

$$\frac{1}{2} \Sigma \, (M_1 . \Delta V_1 + M_2 . \Delta V_2 + \ldots + M_n . \Delta V_n) = \frac{1}{2} \, m \, (V_{AB} - V_{A_0B_0}).$$

Ainsi donc une moitié de l'énergie doit être attribuée au transport des masses $+ m$ et $- m$ depuis l'infini en leur place, et l'autre moitié au travail personnel des masses déterminant le champ inducteur ; si ce champ inducteur est fourni par l'action des courants, on voit que ce dernier travail sera *automatiquement* fourni par les sources alimentant les courants au fur et à mesure de la demande, et, ainsi, le terme dont il faut tenir compte pour le problème au sujet duquel est faite cette digression est bien de toutes façons :

$$\frac{m}{2} \, (V_{AB} - V_{A_0B_0}).$$

positions assignées respectivement sur la face AB et sur la face A_0B_0; 2° à la modification des champs extérieurs au volume ABA_0B_0, nous avons donc :

$$\Delta W = \frac{mV_{AB} - mV_{A_0B_0}}{2} + \frac{1}{8\pi}\iiint_R (\mathcal{H}_1^2 + \mathcal{H}^2 + 2\mathcal{H}_1\mathcal{H}\cos\alpha)\,dv - \frac{1}{8\pi}\iiint_R \mathcal{H}^2\,dv,$$

en remarquant que :

$$\frac{V_{AB} - V_{A_0B_0}}{dl} = \mathcal{H}_0,$$

que de plus :

$$m = \mathfrak{J}.S, \quad \text{et} \quad S.dl = du,$$

on en déduira :

$$\Delta W = \frac{\mathfrak{J}.\mathcal{H}_0.du}{2} + \frac{1}{8\pi}\iiint_R (\mathcal{H}_1^2 + 2\mathcal{H}\mathcal{H}_1\cos\alpha)\,dv.$$

Dans le second cas, l'énergie supplémentaire à fournir à partir du régime primitif se composera : de l'augmentation d'énergie demandée au champ par le volume ABA_0B_0, auquel il faudra ajouter le travail nécessaire à la modification des champs extérieurs au volume ABA_0B_0, nous aurons donc :

$$\Delta W = \frac{1}{8\pi}[\mu.\mathcal{H}_0^2 - \mathcal{H}_\bullet^2]\,du + \frac{1}{8\pi}\iiint_R (\mathcal{H}_1^2 + 2\mathcal{H}\mathcal{H}_1\cos\alpha)\,dv.$$

Nous déduisons de la comparaison des deux valeurs que nous avons trouvées pour ΔW :

$$\mu.\mathcal{H}_0 = \mathcal{H}_0 + 4\pi\mathfrak{J}. \tag{P}$$

Si $\mu > 1$, on aura évidemment $\mathfrak{J} > 0$; c'est-à-dire que le champ inducteur entrera par la face négative A_0B_0 du feuillet.

Si, au contraire, $0 < \mu < 1$, on aura évidemment $\mathfrak{J} < 0$, ceci indique que le champ inducteur entrera par la face positive AB du feuillet A_0B_0AB.

L'expression $\mu\mathcal{H}$ s'appelle l'*induction magnétique* du petit barreau dans le champ.

En somme, on voit que cette dernière définition des corps magnétiques et diamagnétiques est déjà plus précise que celle donnée aux pages 14 et 32 du fascicule 3.

CHAPITRE III

Le flux d'induction — Réfraction magnétique.

Etude de la distribution magnétique déterminée par les mêmes causes dans des milieux différents. — Considérons un champ indéfini déterminé, soit par des masses magnétiques *constantes* disséminées en des postes *fixes*, soit, plus ordinairement, par des courants *constants* occupant une position *invariable*. Nous supposerons, successivement, que le milieu uniforme, dont nous étudions les propriétés relativement au champ magnétique, est le vide (fig. 23), ensuite que ce milieu est composé d'une matière Σ dont la per-

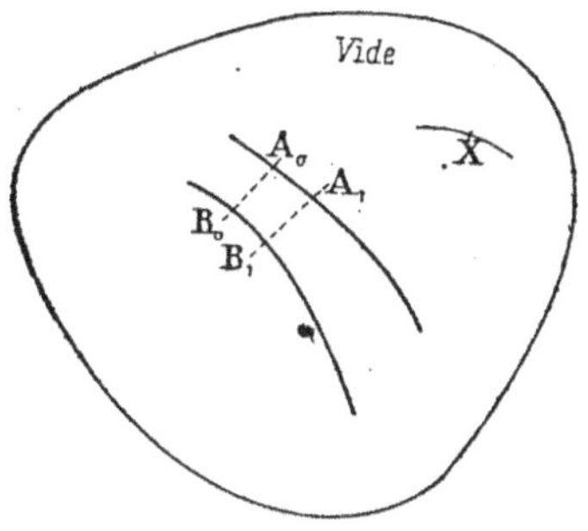

Fig. 23.

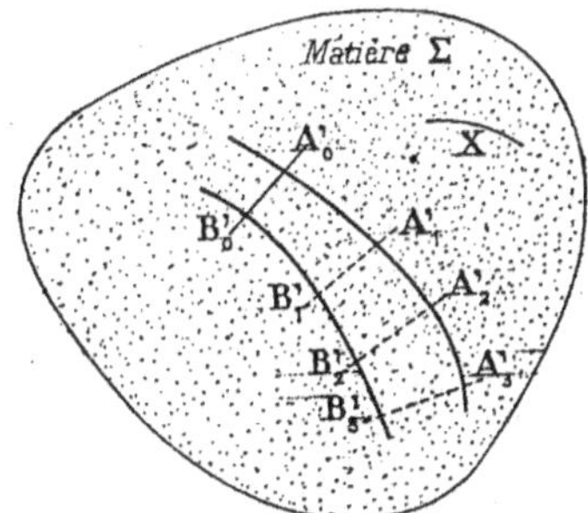

Fig. 23 *bis*.

méabilité est μ (fig. 23 *bis*). Nous aurons, dans l'un et l'autre cas, la même illustration de lignes de force ; en un *même* point X de cet espace régnera une ligne de force dont la direction sera *indépendante* de la matière qui remplit l'espace *indéfini* ; mais, si nous appelons $\mathscr{K}_\Sigma$ et V_Σ le champ et le potentiel en X dans la matière Σ, si nous appelons $\mathscr{K}_v$ et V_v le champ et le potentiel au *même* point X dans le vide, nous aurons, dans le système d'unités électromagnétiques C.G.S. ordinaire :

$$\mathscr{K}_\Sigma = \frac{1}{\mu}\,\mathscr{K}_v, \qquad V_\Sigma = \frac{1}{\mu}\,\Lambda_v.$$

Ceci posé, considérons, dans les deux figures, le *même* tube de force reproduit; soit *ds* la section par une surface de niveau, section représentée schématiquement, sur la figure 23, par A_0B_0 ; soit, sur la figure 23 *bis*, la *même section* reproduite en $A'_0B'_0$. Il résulte, d'une remarque précédemment faite, que si :

en A_0B_0, le potentiel est $\qquad\qquad V_0,$

en $A'_0B'_0$, le potentiel sera $\qquad\qquad V'_0 = \dfrac{1}{\mu} V_0 ;$

prenons maintenant sur ce tube, d'abord dans le vide (fig. 23), une section de niveau voisine A_1B_1, puis, sur le même tube, dans la matière Σ (fig. 23 *bis*), une autre section de niveau $A'_1B'_1$, ces deux sections sont normales aux tubes de forces qu'elles coupent ; soient V_1 le potentiel en A_1B_1, V'_1 le potentiel en $A'_1B'_1$, nous admettrons encore que ces sections ont été choisies de façon que :

$$V_1 - V_0 = V'_1 - V'_0,$$

en résulte que :

$$\mathcal{H}_\Sigma = \frac{V'_1 - V'_0}{A'_0 A'_1} = \frac{V_1 - V_0}{A_0 A_1} \times \frac{A_0 A_1}{A'_0 A'_1} = \mathcal{H}_v . \frac{A_0 A_1}{A'_0 A'_1},$$

ce qui, d'après une égalité du début de ce paragraphe, entraîne :

$$\frac{A_0 A_1}{A'_0 A'_1} = \frac{1}{\mu}, \quad \text{et} \quad A'_0 A'_1 = \mu . A_0 A_1.$$

Par conséquent, si nous appelons *du* le volume du tube de section *ds* et de hauteur A_0A_1, si nous appelons *du'* le volume du tube de même section et de hauteur $A'_0A'_1$, nous aurons :

$$du' = \mu . du.$$

Calculons maintenant l'énergie emmagasinée, du fait des champs, dans les éléments de volume *du* et *du'*, nous aurons, en appelant $\Delta \mathcal{E}_v$ l'énergie emmagasinée dans *du*, et $\Delta \mathcal{E}_\Sigma$ l'énergie emmagasinée dans *du'* :

$$\Delta \mathcal{E}_\Sigma = \frac{\mu}{8\pi} \mathcal{H}_\Sigma^2 \, du' = \frac{\mu}{8\pi} . \frac{\mathcal{H}_v^2}{\mu^2} . \mu . du = \Delta \mathcal{E}_v.$$

Nous pouvons donc déjà conclure :

THÉORÈME I. — *Si l'on suppose l'espace tout entier occupé successivement par le vide et par la matière homogène Σ de per-*

méabilité μ, sous l'action de causes magnétiques identiques, la direction du champ en un point X sera invariable dans l'un et l'autre des milieux ; mais, les valeurs en ce point du champ et du potentiel seront μ fois plus considérables dans le vide que dans la matière Σ ; enfin, si, dans le vide et dans la matière Σ, on prend, autour du point X et sur deux tubes de force géométriquement identiques, des volumes élémentaires dont les bases seront des surfaces de niveau correspondant à une même différence de potentiel, on aura, dans chaque volume, la même énergie emmagasinée du fait du champ.

Mais on peut aller plus loin en raisonnant comme il suit.

Si, maintenant, dans un *même milieu homogène*, on considère un même tube de force, puis qu'on coupe ce tube (fig. 23 *bis*) par deux groupes de deux surfaces de niveau correspondant aux valeurs du potentiel : V'_0 et $V'_0 + h$ pour le premier groupe, V'_1 et $V'_1 + h$ pour le deuxième groupe ; on aura ainsi deux tranches de volume élémentaires, s'enchevêtrant ou non :

$$A'_0 B'_0 A'_2 B'_2 \qquad \text{et} \qquad A'_1 B'_1 A'_3 B'_3$$

l'énergie emmagasinée dans ces tranches du fait du champ sera :

$$(A'_0 B'_0 A'_2 B'_2) : \qquad \Delta\mathcal{E}_1 = \frac{\mu}{8\pi}\left(\frac{V'_0 + h - V'_0}{A'_0 A'_2}\right)^2 ds_1\, A'_0 A'_2 = \frac{\mu}{8\pi}\cdot\frac{h^2}{A'_0 A'_2}\, ds_1.$$

$$(A'_1 B'_1 A'_3 B'_3) : \qquad \Delta\mathcal{E}_2 = \frac{\mu}{8\pi}\left(\frac{V'_1 + h - V'_1}{A'_1 A'_3}\right) ds_2\, A'_1 A'_3 = \frac{\mu}{8\pi}\frac{h^2}{A'_1 A'_3}\, ds_2,$$

Or, puisque les aires ds_1 et ds_2 sont les sections d'un même tube, le flux de force, traversant l'une et l'autre sections, est le même ; donc, si μ *n'a pas varié*, on déduira facilement :

$$\frac{h}{A'_0 A'_2}\, ds_1 = \frac{h}{A'_1 A'_3}\, ds_2,$$

car $\dfrac{h}{A'_0 A'_2}$ est le champ en A'_0 et $\dfrac{h}{A'_1 A'_3}$ est le champ en A'_1,

par suite :

$$\Delta\mathcal{E}_1 = \Delta\mathcal{E}_2.$$

Nous pouvons donc énoncer le théorème suivant :

THÉORÈME II. — *Si l'on considère un même tube de force élémentaire dans un même milieu homogène, et qu'on coupe ce tube*

par deux groupes de surfaces de niveau correspondant aux valeurs
V_0 *et* $V_0 + h$ *pour le premier groupe,* V_1 *et* $V_1 + h$ *pour le deuxième*
groupe, on aura déterminé dans ce tube deux volumes élémen-
taires limités chacun par deux surfaces de niveau du même
groupe. L'énergie emmagasinée, du fait du champ dans chaque
volume élémentaire, est le même.

**Etude des champs aux confins de milieux distincts. — Discon-
tinuité. — Equation de passage.** — Nous avons étudié jusqu'ici,
dans ce chapitre, les phénomènes qui ont lieu dans un milieu
homogène ; nous allons, maintenant, envisager un milieu hétérogène. Si l'on étudie le champ et le potentiel en des points éloignés
de toute surface de séparation de deux milieux distincts, on constate que la fonction champ et la fonction potentielle ne présentent
aucune singularité ; mais, lorsqu'on abordera une surface de séparation de deux milieux, le champ, au passage, deviendra discontinu,
c'est-à-dire que le vecteur changera brusquement de direction et de
valeur.

Aux abords d'une telle surface S de séparation déterminée par
une matière Σ noyée dans l'air (ou dans le vide), on constate que
l'aiguille aimantée placée dans l'air semble éprouver une action
directrice puissante en tout identique à celle qu'elle éprouverait au
voisinage d'un aimant. On est ainsi conduit à dire que tout se passe
comme si, sur cette surface, une couche superficielle magnétique
était localisée, dont la densité σ serait variable d'un point à un
autre de S.

Ceci posé (fig. 24), considérons deux points A et A′ aux proches
environs de la surface S, l'un A placé dans l'air, l'autre A′ dans la
matière Σ. L'action magnétique de toutes les masses agissantes
(ou de tous les courants qui déterminent le champ) sur l'unité de
masse placée en ces points voisins pourra se dédoubler ainsi :

a) Une première partie due aux actions de toutes les parties
agissantes, *sauf celles localisées au très proche voisinage de ces
points* A *et* A′. Cette première partie est identique en ces deux points,
car la transmission d'action s'effectue, sauf sur une très petite étendue
au voisinage de A et de A′, par l'*intermédiaire de milieux identiques ;*

b) Une deuxième partie due aux actions des causes agissantes
localisées dans le proche voisinage des points A et A′.

Autrement dit, si nous appelons (fig. 24) :

$\overline{\mathscr{H}}_v$ le champ en A dans l'air, α l'angle de ce champ avec la normale en A à S ;

$\overline{\mathscr{H}}_\Sigma$ le champ en A′ dans la matière Σ, α' l'angle de ce champ avec la normale en A′ à S. On supposera pour simplifier que AA′ est normale à la surface S.

Nous serons naturellement amenés, d'après ce qui précède, à admettre que les vecteurs $\overline{\mathscr{H}}$ et $\overline{\mathscr{H}}_\Sigma$ se composent chacun de deux parties :

1° Un vecteur commun $\overline{\mathscr{H}}$ représentant l'action sur l'unité de masse, *dans l'hypothèse où on ferait abstraction des masses $\mathscr{I}ds$*

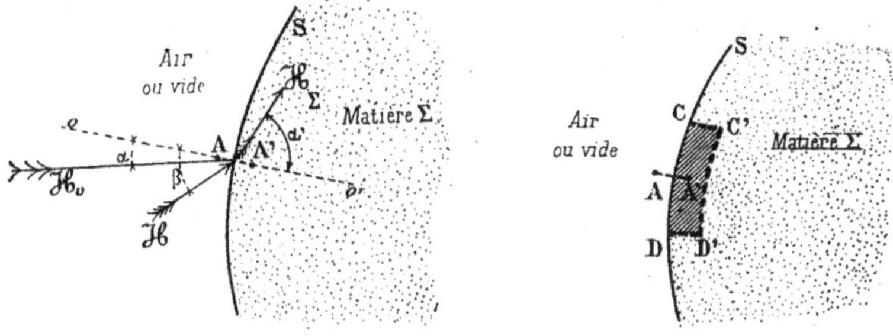

Fig. 24.   Fig. 25.

réparties sur S *aux proches voisinages de* A *et de* A′, soit β l'angle de ce vecteur avec la normale à S ;

2° Un vecteur $\overline{a}$ représentant l'action de $\mathscr{I}ds$ sur l'unité de masse placée en A, et un vecteur $\overline{a'}$ représentant l'action de $\mathscr{I}.ds$ sur l'unité de masse située dans Σ en A′. Les vecteurs $\overline{a}$ et $\overline{a'}$ sont évidemment dirigés sur la normale AA′.

On en conclura que :

$$\overline{\mathscr{H}}_\Sigma = \overline{\mathscr{H}} + \overline{a'},$$
$$\overline{\mathscr{H}}_v = \overline{\mathscr{H}} + \overline{a},$$

et ainsi que $\overline{\mathscr{H}}_\Sigma$, $\overline{\mathscr{H}}_v$ et $\overline{\mathscr{H}}$ sont dans *un même plan normal à la surface*.

Calculons les composantes des vecteurs $\mathscr{H}_\Sigma$ et $\mathscr{H}_v$ suivant la normale AA′ et sur le plan tangent, nous aurons :

$$\begin{cases} \mathscr{H}_\Sigma.\cos\alpha' = \mathscr{H}.\cos\beta - \dfrac{2\pi\mathscr{I}}{\mu}, \\[2mm] \mathscr{H}_v.\cos\alpha = \mathscr{H}.\cos\beta + 2\pi\mathscr{I}, \end{cases}$$

car :

$$\bar{a} = 2\pi\mathfrak{J} \quad \text{et} \quad \bar{a'} = \frac{2\pi\mathfrak{J}}{\mu},$$

comme nous l'avons établi au 1er fascicule (p. 49 et 50) ; enfin nous aurons également :

$$\begin{cases} \mathfrak{H}_{\Sigma} . \sin\alpha' = \mathfrak{H} \sin\beta, \\ \mathfrak{H}_{\nu} . \sin\alpha = \mathfrak{H} \sin\beta. \end{cases}$$

Autour de A et A′, décrivons sur S un élément de surface ds (fig. 25), puis menons dans Σ une surface parallèle à ds, distante de celle-ci d'une longueur dl ; nous aurons ainsi, en menant les normales aux contours de ds, un petit cylindre droit de volume :

$$du = ds . dl,$$

la représentation schématique en est donnée, sur la figure 25, par deux parallèles CD et C′D′. Nous remarquerons que CD et C′D′ *ne sont pas des surfaces de niveau du champ $\mathfrak{H}$*, mais qu'aux deux extrémités d'une même génératrice du cylindre normale à la surface S, la différence de potentiel magnétique h sera constante, elle sera donnée manifestement par l'égalité :

$$h = \frac{\mathfrak{H} . dl}{\cos\beta}.$$

Supposons qu'on détache ce petit volume de matière Σ, puis qu'on le rejette à l'infini en dehors du champ ; ceci voudra dire qu'on enlèvera, avec la matière Σ du petit cylindre, une masse magnétique $\mathfrak{J}.ds$ sur CD, et $-\mathfrak{J}\,ds$ sur C′D′ ; sur la face C′D′, laissée adhérente à la matière Σ, sera naturellement venue en évidence une masse $+ \mathfrak{J}ds$.

Le travail nécessaire au rejet de ce petit volume à l'infini est égal, en valeur absolue, à celui des forces électromagnétiques pour l'amener de l'infini en sa place actuelle, c'est ce cycle d'opérations que nous allons examiner ci-dessous.

Le champ $\mathfrak{H}$ *n'a pas varié*, car dans l'opération, nous *n'avons pas touché à une seule masse qui le détermine ;* donc, l'énergie répartie dans l'espace qu'il a ainsi fournie et celle qu'il a emmagasinée dans l'opération doivent se compenser à un infiniment petit près.

Pendant la présence de la matière Σ dans le petit volume du, le champ $\mathcal{H}$ fournissait à ce petit volume :

$$\frac{\mu.\mathcal{H}^2.du}{8\pi},$$

lorsque du ne sera plus en matière Σ, le champ $\mathcal{H}$ ne fournira plus que :

$$\frac{\mathcal{H}^2\,du}{8\pi},$$

mais, en plus, ce champ a fourni pour l'opération nécessaire au transport du petit cylindre de volume du et de matière Σ, une énergie égale à :

$$\frac{\mathfrak{I}.ds.h}{2},$$

Sur ce dernier point, nous avons donné dans ce même fascicule (p . 46 et 47), des explications très détaillées (1) relativement à une

---

(1) Une objection, en apparence irréfutable, peut être adressée à cette démonstration. On peut dire : dans le petit volume du supposé en matière Σ, le champ n'est pas $\mathcal{H}$, mais bien $\mathcal{H}_\Sigma$, en sorte que l'énergie emmagasinée n'est pas :

$$\frac{\mu.\mathcal{H}^2.du}{8\pi}, \qquad \text{mais} \qquad \frac{\mu\,\mathcal{H}_\Sigma^2\,du}{8\pi},$$

on peut dire également l'énergie dans le petit volume du supposé rempli d'air n'est pas :

$$\frac{\mathcal{H}^2.du}{8\pi}, \qquad \text{mais} \qquad \frac{\mathcal{H}_v^2\,du}{8\pi}.$$

Pour redresser cette apparence de paradoxe, il nous faut faire une courte digression.

Quand nous disons le champ $\mathcal{H}$ est la *cause*, dans le volume du de matière Σ, d'un emmagasinage d'énergie égale à :

$$\frac{\mu\,\mathcal{H}^2\,du}{8\pi};$$

nous ne voulons pas dire que ce petit volume du a réellement emmagasiné pour *lui seul* :

$$\frac{\mu.\mathcal{H}^2\,du}{8\pi},$$

car, si du est en matière plus perméable que ses voisins, il *rayonnera* de l'énergie autour de lui, au point de n'en garder, *lui qui en a demandé beaucoup à la distribution*, qu'une partie pour lui-même.

Si, au contraire, du est en matière moins perméable que ses voisins, il absorbera de l'énergie que ses voisins lui rayonneront, au point de s'en attribuer finalement une part beaucoup plus grande que ces mêmes voisins immédiats.

En un mot, quand nous disons *ici*: le champ $\mathcal{H}$ fournit une certaine énergie à un élé-

évaluation de même nature, nous n'y reviendrons pas, le lecteur pourra lui-même préciser la présente démonstration comme nous l'avons déjà fait aux pages précitées, nous aurons donc :

$$(\mu \, \mathcal{H}^2 - \mathcal{H}^2) \, du = 4\pi . \mathcal{I} . h . ds,$$

mais, nous avons vu que :

$$h = \frac{\mathcal{H} . dl}{\cos \beta}, \quad du = ds . dl,$$

et, finalement, on a :

$$\mu . \mathcal{H} \cos \beta = \mathcal{H} \cos \beta + 4\pi \mathcal{I}.$$

Nous retrouvons ainsi *généralisée* la *formule* (P) *de la page* 47.

Réfraction magnétique. — Nous avons trouvé au paragraphe précédent :

$$\begin{cases} \mathcal{H}_\Sigma . \cos \alpha' = \mathcal{H} \cos \beta - \dfrac{2\pi . \mathcal{I}}{\mu}, \\[2mm] \mathcal{H}_\nu . \cos \alpha = \mathcal{H} \cos \beta + 2\pi \mathcal{I}, \end{cases}$$

or, la formule (P) généralisée peut se mettre sous la forme :

$$\mathcal{H} \cos \beta + 2\pi \mathcal{I} = \mu \left(\mathcal{H} \cos \beta - \frac{2\pi . \mathcal{I}}{\mu} \right),$$

c'est-à-dire que :

$$\mathcal{H}_\nu \cos \alpha = \mu . \mathcal{H}_\Sigma \cos \alpha',$$

mais, nous avons trouvé, au paragraphe précédent, l'égalité suivante

$$\mathcal{H}_\nu \sin \alpha = \mathcal{H}_\Sigma \sin \alpha',$$

on en déduit immédiatement :

$$\mu . \operatorname{tg} \alpha = \operatorname{tg} \alpha'.$$

---

ment de volume, nous ne voulons pas dire que c'est là la seule *énergie magnétique* réellement localisée dans du, nous voulons dire que cette énergie fournie par $\mathcal{H}$ à du est non seulement destinée à être localisée dans du, mais aussi à assurer le *service* du champ magnétique secondaire dont du sera le siège.

Au surplus, le *travail* de déplacement du petit volume magnétique dans *son propre champ est nul*, ce petit volume ne doit donc pas, dans le calcul, être considéré comme se déplaçant dans l'un ou l'autre des champs :

$$\overline{\mathcal{H}} + \overline{a} \quad \text{ou} \quad \overline{\mathcal{H}} + \overline{a}',$$

mais bien dans le champ $\mathcal{H}$ seul.

On pourrait déjà énoncer le théorème sur la réfraction magnétique ; mais, avant de le faire, nous ferons remarquer qu'implicitement nous avons admis trois hypothèses :

1° La matière Σ est magnétiquement isotrope, c'est-à-dire qu'aucune direction ne se distingue des autres relativement aux actions magnétiques ;

2° Il n'y a pas au passage du milieu air au milieu Σ de chute de potentiel magnétique, ou si cette chute existe, elle est *constante* en tous les points de la surface S de séparation ;

3° Il n'y a pas, dans le *très proche voisinage* de la surface S, une autre surface S répondant à la même définition ; ce cas sera traité à part, page 71.

Ceci posé, nous pouvons énoncer le théorème fondamental suivant :

THÉORÈME III. — *La fonction champ magnétique est unique, bien déterminée, en chaque point de l'espace non infiniment voisin d'une surface de séparation entre deux matières ; en un point d'une telle surface de séparation, il y a un vecteur champ pour un milieu et un autre, distinct du premier, relatif au second milieu. Ces deux vecteurs sont dans le plan normal à la surface ; si les milieux sont le vide et une matière Σ de perméabilité μ, si α et α' sont les angles des champs avec la normale à la surface, $\mathscr{H}_v$ dans le vide, $\mathscr{H}_\Sigma$ dans la matière Σ, on aura l'égalité :*

$$\operatorname{tg}\alpha' = \mu\operatorname{tg}\alpha.$$

Calcul des divers éléments des champs en un point situé sur une surface de séparation. — Nous avons cinq équations que nous rappelons :

$$(\text{I})\begin{cases} \mathscr{H}_v\cos\alpha = \mathscr{H}\cos\beta + 2\pi\mathscr{J}, \\ \mathscr{H}_\Sigma\cos\alpha' = \mathscr{H}\cos\beta - \dfrac{2\pi\mathscr{J}}{\mu}. \end{cases}$$

$$(\text{II})\begin{cases} \mathscr{H}_v.\sin\alpha = \mathscr{H}\sin\beta, \\ \mathscr{H}_\Sigma\sin\alpha' = \mathscr{H}\sin\beta. \end{cases}$$

$$(\text{III})\quad \operatorname{tg}\alpha' = \mu\operatorname{tg}\alpha.$$

Ces cinq équations vont nous permettre de calculer α, α', $\mathscr{H}_v$, $\mathscr{H}_\Sigma$ et $\mathscr{J}$ en fonction de $\mathscr{H}$, de l'angle β et de μ.

En éliminant $\mathcal{H}_\nu$ entre la première des équations du groupe (I) et la première des équations du groupe (II) nous aurons :

$$(\text{IV}) \quad \operatorname{cotg}\alpha\,.\,\mathcal{H}\,.\sin\beta = \mathcal{H}\cos\beta + 2\pi\mathcal{J},$$

en éliminant $\mathcal{H}_\Sigma$ entre les secondes équations des mêmes groupes, on aura :

$$(\text{V}) \quad \mu\,.\operatorname{cotg}\alpha'\,.\,\mathcal{H}\,.\sin\beta = \mu\,.\,\mathcal{H}\,.\cos\beta - 2\pi\mathcal{J},$$

en combinant convenablement (IV) et (V), on déduira :

$$(\operatorname{cotg}\alpha + \mu\operatorname{cotg}\alpha')\,\mathcal{H}\sin\beta = (\mu + 1)\,\mathcal{H}\cos\beta,$$

mais :

$$\mu\operatorname{cotg}\alpha' = \operatorname{cotg}\alpha,$$

et ainsi :

$$2\operatorname{cotg}\alpha = (\mu + 1)\operatorname{cotg}\beta, \quad \text{et} \quad \operatorname{tg}\alpha = \frac{2}{\mu + 1}\operatorname{tg}\beta;$$

on conclut de même :

$$\operatorname{tg}\alpha' = \frac{2\mu}{\mu + 1}\operatorname{tg}\beta.$$

L'équation (V) nous donnera alors, par un calcul facile, la valeur de $\mathcal{J}$:

$$\mathcal{J} = \frac{\mu - 1}{4\pi}\,.\,\mathcal{H}\,.\cos\beta.$$

Quant à $\mathcal{H}_\nu$ et $\mathcal{H}_\Sigma$, ils se déduiront immédiatement; car, on a, en effet :

$$\mathcal{H}_\nu = \frac{1}{\sin\alpha}\,\mathcal{H}\sin\beta,$$

et ainsi :

$$\mathcal{H}_\nu = \frac{\sqrt{1 + \operatorname{tg}^2\alpha}}{\operatorname{tg}\alpha} \times \mathcal{H}\,.\sin\beta = \frac{\sqrt{(\mu + 1)^2 + 4\operatorname{tg}^2\beta}}{2\operatorname{tg}\beta} \times \mathcal{H}\,.\sin\beta,$$

d'où :

$$\mathcal{H}_\nu = \frac{\sqrt{(\mu + 1)^2\cos^2\beta + 4\sin^2\beta}}{2} \times \mathcal{H};$$

de même, on déduira

$$\mathcal{H}_\Sigma = \frac{\sqrt{\left(1 + \frac{1}{\mu}\right)^2 \cos^2\beta + 4\sin^2\beta}}{2} \times \mathcal{H}.$$

Le problème est donc ainsi complètement déterminé pour chaque point de S. En particulier, si $\beta = 0$, on a :

$$\begin{cases} \operatorname{tg}\alpha = \operatorname{tg}\alpha' = 0, \\ \mathcal{I} = \dfrac{\mu - 1}{4\pi}\,\mathcal{H}, \\ \dfrac{\mathcal{H}_\nu}{\mu + 1} = \dfrac{\mathcal{H}}{2} = \dfrac{\mathcal{H}_\Sigma}{1 + \dfrac{1}{\mu}}, \end{cases}$$

et ainsi :

$$\mathcal{H}_\Sigma = \frac{\mathcal{H}}{2} + \frac{\mathcal{H}}{2} \times \frac{1}{\mu},$$

$$\mathcal{H}_\nu = \frac{\mathcal{H}}{2} + \frac{\mathcal{H}}{2} \times \mu,$$

d'où on conclut :

$$\mathcal{H}_\nu - \mathcal{H}_\Sigma = \frac{\mathcal{H}}{2}\left(\mu - \frac{1}{\mu}\right).$$

On voit ainsi que la présence de la matière Σ a pour effet d'amplifier dans l'air le champ $\mathcal{H}$, *aux environs de* A, dans le rapport de $\dfrac{\mathcal{H}_\nu}{\mathcal{H}}$ qui est égal à $\dfrac{\mu + 1}{2}$.

Conséquences des formules sur la réfraction magnétique. — On voit que si S est la surface de séparation entre l'air et un corps très magnétique, μ est très grand; il en résulte que $\operatorname{tg}\alpha$ est toujours très petit, à moins que $\operatorname{tg}\beta$ soit de l'ordre de μ, autrement dit, à moins que β diffère peu de $\dfrac{\pi}{2}$, le champ inducteur, dans ce cas est rasant à la surface.

Quant à $\operatorname{tg}\alpha'$, sa valeur diffère peu, si μ est très grand, de celle donnée par la formule suivante :

$$\operatorname{tg}\alpha' = 2\operatorname{tg}\beta.$$

La figure 26 donne une illustration de ce fait conforme à

l'expérience de chaque jour ; on sait, en effet, que, si l'on présente une aiguille aimantée aux faces d'un corps magnétique placé au milieu d'un champ, on constate, *en général*, que la direction de l'aiguille aimantée dans l'air est normale à la paroi.

Si Σ a une étendue notable, si S, de plus, a une faible courbure, dès qu'on sera un peu éloigné de la surface en B et B′ (fig. 27), les actions immédiates des surfaces de séparation cesseront d'être prépondérantes et alors les champs reprendront une direction rappelant quelque peu celle que $\mathcal{H}$ possède en ces points.

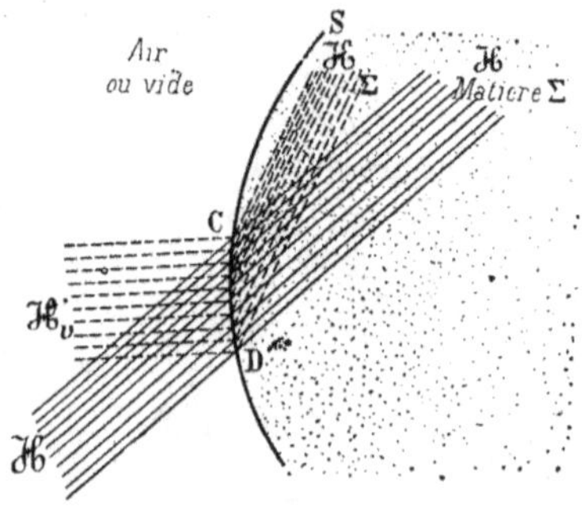

Fig. 26.

Enfin, supposons entre l'air et la matière Σ une surface de séparation S plane largement développée (fig. 28), si nous supposons dans

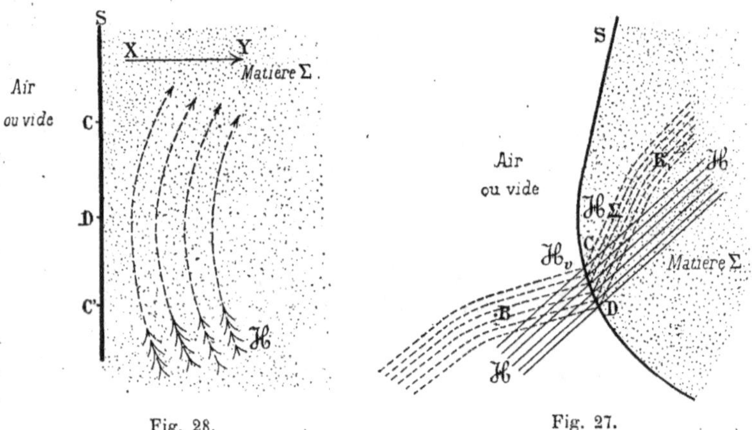

Fig. 28.   Fig. 27.

l'intérieur un champ $\mathcal{H}$ se *dirigeant* obliquement sur S, on voit que les parties des tubes de force tendant à aborder S créeront des masses sur S dont l'*action dans la matière Σ sera répulsive* ; autrement dit, le fait pour un champ de s'approcher de S entraîne la création d'une nouvelle composante du champ de direction XY normale à S ; de sorte que, si *aucune action supplémentaire n'existe dans* Σ, le champ primitif ℋ *n'abordera pas* S, *mais l'évitera*. On peut donc dire, *sous une forme certainement peu précise*, mais imagée, que les flux ne sortent pas des corps très magnétiques lorsqu'ils peuvent l'éviter.

Dans l'air, l'inverse aurait lieu ; dans ce cas, les lignes de force abordant la surface S auront pour résultat de créer des masses sur S dont *l'action dans l'air sera attractive*. On constate, en effet, que si l'on place dans l'air une masse magnétique, celle-ci semble jouer, par rapport au champ, le rôle qu'une éponge joue par rapport à l'eau d'un vase dans lequel on la jetterait.

Les écrans magnétiques. — Supposons que nous placions, dans un champ, une masse magnétique à large surface munie d'une cavité séparée, de l'extérieur et de tous les côtés, par des parois

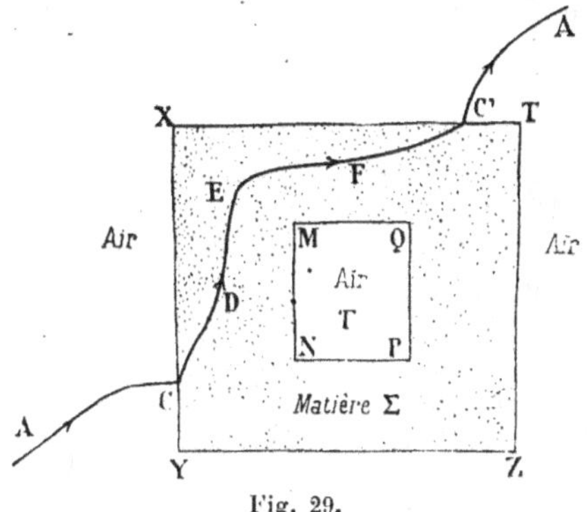

Fig. 29.

D'ÉPAISSEUR FINIE de ce corps magnétique (fig. 29).

Dans ces conditions, on va se rendre compte que, dans l'intérieur de la cavité Γ, il ne peut exister aucun champ. Si, évidemment, une ligne de force du champ extérieur entre suivant AC à travers la surface XY, elle s'élancera d'abord suivant CD, mais en se rapprochant de MN, l'action de cette face l'aiguillera dans la direction DE ;

en E, l'action de MN sera très affaiblie, mais l'action de XT intervenant fera tourner la ligne de force suivant EF ; toutefois, avant d'atteindre T, la ligne de force se trouvera dans l'impossibilité de tourner dans la masse magnétique suivant TZ, puisqu'en cette région régnera, dans la matière Σ, un champ induit de direction contraire dû aux lignes de force du champ extérieur abordant la masse magnétique sur la face YZ.

On voit donc que les lignes de champ tendront à prendre naturellement des tracés évitant les abords de la cavité ; si même une ligne de force, par suite d'une disposition désavantageuse de la masse magnétique, était contrainte d'aborder dans Γ, on prévoit, d'après tout ce qui a été expliqué précédemment, que cette ligne tendrait à en sortir par les chemins les plus courts.

Sir William Thomson a utilisé les propriétés des écrans magnétiques à l'usage de ses galvanomètres marins ; il les enferme dans une cage de fer doux, dans celle-ci un trou a été ménagé pour le passage des rayons lumineux. Sur un bateau, le galvanomètre, suivant les mouvements imprimés par la mer au navire, aura, à tout instant, une position variable par rapport au champ magnétique terrestre, et, dans ces conditions, tout travail avec de tels appareils serait impossible d'une *façon absolue ;* la cage en fer doux formant écran pour le champ terrestre, celui-ci n'a plus d'action sur l'équipage mobile du galvanomètre. Mais, pour un galvanomètre, un champ directeur est nécessaire ; un petit aimant placé dans l'intérieur de la cage en créera un artificiel, celui-ci sera fixe, par rapport aux parties fixes du galvanomètre, en toutes les positions successives que prendra celui-ci entraîné par les mouvements du bateau.

Flux d'induction. — Sa conservation. — Considérons (fig. 30) deux flux de force aux confins de la surface de séparation de deux milieux ; l'un en A$'$, dans le milieu Σ, sa valeur est :

$$\mathcal{H}_\Sigma . ds . \cos \alpha',$$

en appelant *ds* la surface élémentaire schématiquement représentée par CD sur la figure ; le second flux de force dans l'air, en A, faisant suite au premier et se raccordant avec lui, sera :

$$\mathcal{H}_\nu . ds . \cos \alpha ;$$

or, nous avons déjà établi, page 55 :

$$\mu . \mathcal{H}_\Sigma . ds . \cos \alpha' = \mathcal{H}_\nu . ds . \cos \alpha,$$

c'est-à-dire que si nous posons :

$$\Phi_\Sigma = \mu . \mathcal{H}_\Sigma . ds . \cos \alpha',$$
$$\Phi_\nu = \mathcal{H}_\nu . ds . \cos \alpha,$$

et si nous convenons, de plus, de donner à Φ_Σ et à Φ_ν les appellations suivantes :

Φ_Σ sera désigné sous le nom de *flux d'induction* qui, dans la matière Σ, aboutit à l'élément *ds* ;

Φ_v sera désigné sous le nom de *flux d'induction* qui, dans l'air (de perméabilité 1), aboutit à l'élément *ds* ;

nous aurons une relation [de la *plus haute importance*, car elle exprime la relation d'**invariance qui domine la théorie**, cette relation est la suivante :

$$\Phi_\Sigma = \Phi_v.$$

Ainsi donc, *ce qui se conserve au passage à travers la surface de séparation de deux milieux*, c'est le **flux d'induction**.

Dans un milieu Σ à perméabilité non égale à 1, on peut être en présence de deux alternatives, ou bien, aux environs des points considérés, la valeur de μ ne varie pas, ou bien, au contraire, elle varie. Dans le premier cas, le théorème de Gauss est applicable à un tube de force situé aux environs de ces points, ce théorème nous apprend que le flux de force est conservé ; ou bien encore, puisque μ ne varie pas, que le *flux d'induction* est conservé. Dans le deuxième cas, on considérera la surface S de séparation entre la partie du milieu Σ correspondant à la valeur de $\mu = \mu_0$ et la partie de ce même milieu correspondant à la valeur de la perméabilité $\mu = \mu_0 + \Delta\,\mu_0$, on traitera alors chaque partie séparée par S comme deux milieux distincts, on verra ainsi (1), d'après le cas précédemment traité, que le flux d'induction se conserve encore dans le passage à travers S.

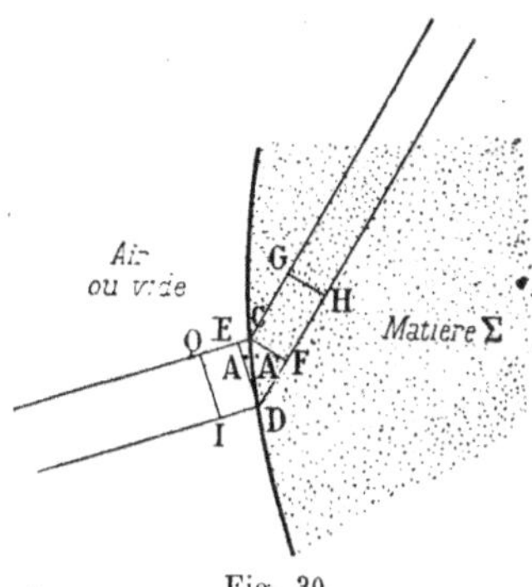

Fig. 30.

En somme, on a le théorème **général important** suivant :

Théorème IV. — *Si l'on considère, dans des milieux différents*

---

voisins, deux tubes de force se raccordant exactement à la surface de séparation des milieux, le flux d'induction se conserve tout le long de ces tubes raccordés.

Généralisation des théorèmes I et II. — Considérons deux éléments de volume découpés dans l'un et l'autre des tubes de force et se raccordant *exactement* suivant la même aire élémentaire ds de la surface S de séparation des deux milieux Σ et air (fig. 30). Calculons *l'énergie définitivement emmagasinée* dans chacun de ces volumes supposés terminés l'un et l'autre par deux surfaces de niveau infiniment voisines, soit CFHG le volume dans la matière Σ, soit EDIQ le volume dans l'air, nous aurons en appelant ΔW_Σ et ΔW_v les énergies cherchées :

$$\Delta W_\Sigma = \frac{\mu}{8\pi}\,(\mathcal{H}_\Sigma)^2 . ds . FH . \cos \alpha',$$

$$\Delta W_v = \frac{1}{8\pi}\,(\mathcal{H}_v)^2\, ds . ID . \cos \alpha,$$

posons, de plus :

$$\Phi = \mu . \mathcal{H}_\Sigma\, ds . \cos \alpha' = \mathcal{H}_v\, ds . \cos \alpha,$$

nous aurons :

$$\Delta W_\Sigma = \Phi\,\frac{\mathcal{H}_\Sigma . FH}{8\pi},$$

$$\Delta W_v = \Phi\,\frac{\mathcal{H}_v . ID}{8\pi};$$

or, si nous appelons :

V_0 le potentiel en D, V_1 celui en C ;

V'_0 le potentiel de la surface de niveau QI relative à $\mathcal{H}_v$;

V'_1 le potentiel de la surface de niveau GH relative $\mathcal{H}_\Sigma$, nous aurons :

$$\Delta W_\Sigma = \Phi\,\frac{V'_1 - V_1}{8\pi}, \qquad \Delta W_v = \Phi\,\frac{V_0 - V'_0}{8\pi};$$

de sorte que si, on a de plus :

$$V'_1 - V_1 = V_0 - V'_0,$$

nous aurons :

$$\Delta W_\Sigma = \Delta W_v.$$

En appliquant les théorèmes I et II des pages 49 et 50, joints aux considérations du genre de celles faites au paragraphe précédent relativement à la non-constance de μ, on déduira immédiatement le théorème suivant, *généralisation* des théorèmes I et II eux-mêmes.

THÉORÈME V. — *Dans un milieu hétérogène, si sur un même tube d'induction* Φ, *quel que soit celui des milieux qu'on traverse, on considère une tranche de tube comprise entre deux surfaces de niveau correspondant à une même différence de potentiel* ΔV, *la valeur de l'énergie emmagasinée, du fait du phénomène magnétique, aura pour expression :*

$$\Delta W = \frac{\Phi \cdot \Delta V}{8\pi}.$$

REMARQUE. — Si le tube d'induction présente, sur une certaine longueur l, une section constante S et que le champ soit constant en tous les points du tube d'induction, nous aurons :

$$\Phi = \frac{\Delta V}{\left(\dfrac{l}{\mu \cdot S}\right)}.$$

Cette expression $\dfrac{l}{\mu \cdot s}$ offre une analogie complète avec l'expression de la résistance ohmique d'un conducteur en électrocinétique ; on a donné à cette entité nouvelle le nom de *réluctance*, et cette grandeur *très importante* est représentée par le symbole $\mathcal{R}$.

Première généralisation de la loi d'Ohm. — L'expression du flux se transforme, avec ces notations, de la façon suivante :

$$\Phi = \frac{\Delta V}{\mathcal{R}},$$

c'est-à-dire que le flux est le quotient d'une différence de potentiel par une réluctance, *c'est la généralisation de la loi d'Ohm pour le magnétisme.*

On peut déduire, pour l'énergie emmagasinée dans une tranche aplatie de tube d'induction, une nouvelle expression qu'on calculera immédiatement en partant des résultats qui précèdent :

$$\Delta W = \frac{1}{8\pi} \frac{\overline{\Delta V}^2}{\mathcal{R}}$$

cette formule est très utile en certain cas; elle n'est, d'ailleurs, que la traduction, avec d'autres symboles, de l'équation fondamentale :

$$\Delta W = \frac{\mu}{8\pi}\,\mathcal{H}^2.S.dl.$$

En remplaçant ΔV par son égal $\Phi\,\mathcal{R}$ dans l'équation antéprécédente, on aura une autre expression de l'énergie emmagasinée dans une tranche aplatie de tube d'induction :

$$\Delta W = \frac{\Phi^2}{8\pi}\,\mathcal{R}.$$

Énergie intrinsèque d'un courant dans un milieu hétérogène. — Si le champ est dû à une spire parcourue par un courant I (fig. 31), les lignes du champ seront composées par des boucles (1) embrassant le circuit de I ; considérons un tube d'induction, nous aurons, pour travail emmagasiné dans le tube fermé total, d'après une formule établie plus haut :

$$W = \Phi \int_{contour} \frac{dV}{8\pi} = \frac{\Phi I}{2},$$

qui est la généralisation des formules du chapitre II, car cette dernière expression est relative aux *milieux hétérogènes*, alors que nous ne l'avions jusqu'ici établie que dans l'hypothèse d'un milieu absolument homogène.

Si, au lieu d'une spire, on avait un enroulement de n spires, on aurait eu, comme expression de l'énergie emmagasinée dans le tube complet fermé de flux d'induction égal à Φ :

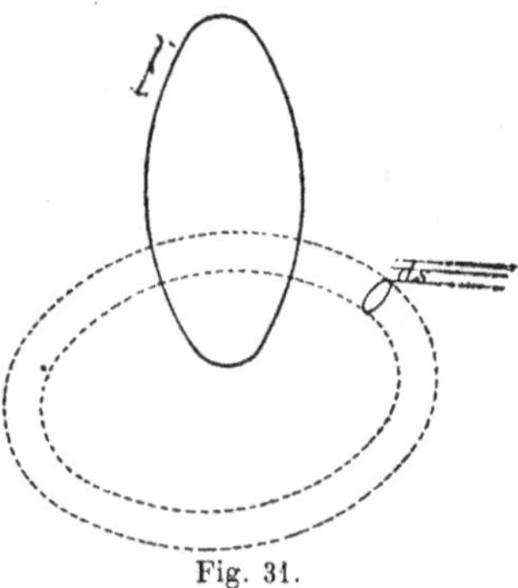

Fig. 31.

$$W = \frac{n\Phi I}{2}.$$

(1) Ces boucles dans un milieu homogène embrasserait la spire à la façon d'un tourbillon, la spire étant complètement enveloppée par le tourbillon, cette remarque permet de prévoir que, dans l'étude des actions réciproques d'un flux électrique (le courant) et de flux magnétique, on devra nécessairement retrouver les formes analytiques de la théorie des tourbillons.

Dans le cas même, où l'on aurait considéré le champ tout entier et non plus seulement un tube de force, on aurait eu (fig. 31) :

$$W_{tot} = \frac{nI}{2}\, \Sigma\Phi,$$

or, $\Sigma\Phi$ est le flux total d'induction qui passe à travers les n boucles du circuit électrique parcouru par I, on pourra ainsi tout naturellement poser :

$$\Sigma\Phi = \mathcal{L}'I,$$

cette équation définissant la grandeur nouvelle $\mathcal{L}'$; avec cette notation on aura :

$$W = \frac{n\,\mathcal{L}'I^2}{2},$$

et, en posant naturellement $n\,\mathcal{L}' = \mathcal{L}$, on aura pour énergie intrinsèque d'un courant :

$$W = \frac{\mathcal{L}.I^2}{2}.$$

Ces formules avaient été seulement établies dans le cas d'un milieu homogène de perméabilité égale à l'unité.

Énergie relative d'un courant dans un champ réparti dans un milieu magnétique. — On pourrait répéter, pour un milieu quelconque défini, toutes les théories faites dans l'hypothèse d'un milieu de perméabilité égale à l'unité ; dans ces conditions, tous les raisonnements étant menés de même manière, si, de plus, on choisit pour chaque valeur de la perméabilité le système bien approprié d'unités électromagnétiques, on retrouverait tous les résultats et toutes les formules fondamentales sous une forme *absolument* identique. Nous avons déjà fait, page 40 et suivantes de ce fascicule, un raisonnement de ce genre, mais il est utile de se familiariser avec ce mode d'exposition, aussi allons-nous le reprendre en le modifiant quelque peu.

Supposons que la spire de courant I, courant mesuré dans le système électromagnétique ordinaire, soit noyé dans un milieu de perméabilité μ dans lequel règne un champ $\mathcal{H}$, champ mesuré également ment dans le système électromagnétique ordinaire, la question qui se pose est la suivante : *Quelle modification doit-on, dans ces hypothèses, faire subir à la formule déjà établie permettant de calculer l'énergie potentielle de ce courant dans ce champ?*

Dans un milieu de perméabilité μ_1, la force attractive entre deux masses m et m' distantes de r sera encore exprimée en C.G.S par la formule :

$$F = \frac{m.m'}{r^2},$$

à la condition qu'au système d'unités C.G.S mécaniques on adjoigne un système électromagnétique tel que, dans le milieu de perméabilité μ_1, l'unité de masse agisse, sur l'unité de masse située à l'unité de distance, avec la force d'une dyne. La grandeur de l'unité nouvelle de masse ainsi définie sera $\sqrt{\mu_1}$ fois plus grande que dans le système ordinaire, de sorte que le nombre qui exprime la même masse soit $\sqrt{\mu_1}$ fois plus faible, dans ce système, que dans le système ordinaire.

Comme les dimensions de m sont :

$$[m] = \left[M^{\frac{1}{2}} L^{\frac{3}{2}} T^{-1} \right].$$

les dimensions du potentiel magnétique sont :

$$[V] = \left[M^{\frac{1}{2}} L^{\frac{1}{2}} T^{-1} \right] = [m]\,[L^{-1}];$$

le potentiel aura donc, lui aussi, dans ce *système particulier* d'unités, une unité $\sqrt{\mu_1}$ fois plus grande que dans le système ordinaire.

Les dimensions du champ sont :

$$[\mathcal{H}] = [V]\,[L^{-1}] = [m]\,[L^{-2}],$$

c'est-à-dire que, dans ce *système particulier*, l'unité de champ sera $\sqrt{\mu_1}$ fois plus grande que dans le système ordinaire.

Si, dans le milieu considéré, existe une spire parcourue par un courant I mesuré dans le *système particulier d'unités*, on aura, comme accroissement du potentiel après un tour *exact* le long d'un chemin fermé enlaçant le courant fermé, l'expression :

$$V = 4\pi I,$$

c'est-à-dire que, dans le *système particulier d'unités électromagnétiques*, l'unité de courant sera aussi $\sqrt{\mu_1}$ fois plus grande que dans le système ordinaire, c'est là une conséquence de ce qui a été établi plus haut lorsqu'on a déterminé les dimensions de V.

Ceci posé, si, dans le système *particulier* d'unités :

$\mathcal{H}$ est la valeur *numérique* du champ en un point X,

I est la valeur *numérique* du courant;

on aura, dans le système *ordinaire* d'unités électromagnétiques :

$\mathcal{H}'$ pour la valeur *numérique* du champ en X,

I′ pour la valeur *numérique* du courant,

avec les relations de condition :

$$\mathcal{H}' = \frac{\mathcal{H}}{\sqrt{\mu_1}}, \qquad \mathrm{I}' = \frac{\mathrm{I}}{\sqrt{\mu_1}};$$

de sorte qu'en envisageant l'énergie relative du courant, dans le champ $\mathcal{H}$, dont la valeur est, avec *les unités particulières* :

$$\mathrm{W} = \mathrm{I} \int \mathcal{H}.ds,$$

où $\int \mathcal{H}.ds$ représente le *flux de force* pénétrant dans la spire par la face négative, on déduira :

$$\mathrm{W} = \mathrm{I}' \int \mu_1 \mathcal{H}' ds,$$

formule dans laquelle $\int \mu_1 \mathcal{H}' ds$ est le flux d'induction pénétrant dans la spire par la face négative. Ainsi donc, en appelant Φ' ce flux d'induction qui pénètre dans la spire par la face négative, on aura pour valeur de l'énergie relative d'un courant dans un champ :

$$\mathrm{W} = \mathrm{I}' \Phi',$$

formule exprimée avec les unités *ordinaires* électromagnétiques.

Si le courant empiétait sur deux milieux, il suffirait de décomposer le circuit électrique à la manière employée par Ampère, dans la démonstration du théorème qui porte son nom, pour appliquer ensuite sur chacune des parties *noyée*, alors dans un milieu *unique*, le résultat précédemment obtenu.

Énergie mutuelle de deux courants dans un champ réparti dans un milieu magnétique. — En interprétant les résultats du précédent paragraphe, on arrivera facilement à généraliser le théorème établi (fasc. III, p. 96) dans le cas d'un milieu magnétiquement indifférent, on aura ainsi l'énoncé suivant que nous écrivons sans donner de démonstration, car il est extrèmement facile d'y suppléer, il suffit de calquer ce qui a été expliqué dans le cas d'un milieu homogène :

THÉORÈME. — *L'énergie mutuelle de deux courants* I *et* I', *dans un champ réparti dans un milieu magnétique, est fournie par l'expression* :

$$W = MII',$$

dans laquelle M, *appelé coefficient d'induction mutuelle, est le flux d'induction que recevrait le premier courant par sa face négative, si l'intensité du second courant était égale à l'unité.*

Il faut bien remarquer que les dernières propriétés énoncées sur les expressions de l'énergie intrinsèque d'un courant, de l'énergie relative d'un courant dans un champ, de l'énergie mutuelle de deux courants noyés dans un milieu de perméabilité différente de l'unité ne constituent pas, à proprement parler, des propositions nouvelles. Si le *flux de force* qu'on trouvait jusqu'ici, de façon explicite dans les formules, est remplacé par le *flux d'induction*, ceci tient *au choix des unités électromagnétiques.* Si l'on eût pris, comme système d'unités électromagnétiques, le système pour lequel la loi des attractions de Coulomb eût été, *dans le nickel comme milieu*, dépourvue de tout *coefficient numérique*, les formules des diverses énergies relatives ou intrinsèques n'eussent plus été, *dans l'air comme milieu*, exprimées à l'aide d'un flux de force; mais bien par le moyen d'un flux d'induction.

On peut, en introduisant systématiquement μ comme une grandeur de nature particulière, établir toutes ces propriétés d'une façon en apparence plus générale, mais certainement moins claire. De plus, μ ne semble *réellement constant*, dans les conditions ordinaires des expériences, que pour des corps particuliers, tel l'air; il a donc été nécessaire de choisir le système d'unités se rapportant à une valeur toujours constante de la perméabilité, car il était bien naturel d'étudier d'abord les phénomènes magnétiques dans les milieux où ceux-ci se présentent de la façon la plus nette, parce que la plus simple.

Noyaux de fer doux dans un champ magnétique. — Considérons (fig. 32) un noyau de fer, un cylindre ABDC, par exemple, ayant à son intérieur une cavité dont la forme est celle d'un cylindre concentrique de faible diamètre A'B'C'D'. Supposons que le champ magnétisant ait ses lignes de force parallèles à l'axe, il en résultera un champ $\mathcal{H}_F$ dans le fer doux et un champ $\mathcal{H}_v$ dans l'air; on a vu que, près des faces de sortie ou d'entrée, on aura :

$$\mathcal{H}_v = \mu.\mathcal{H}_F.$$

A l'intérieur, à partir d'une certaine distance des bases, les surfaces équipotentielles sont sensiblement planes, cela résulte des remarques faites précédemment page 59; si ϑ est la distance de deux de ces surfaces infiniment voisines correspondant aux valeurs de V et de $V + d$V du potentiel magnétique, la *force magnétique* sera la même aussi bien dans le fer doux qu'au point Q de la cavité.

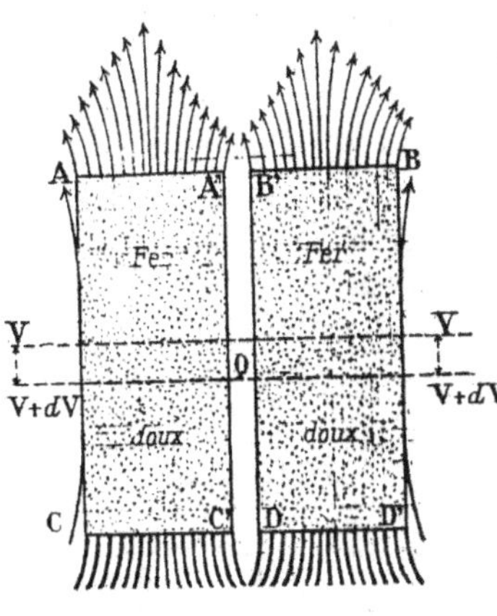

Fig. 32.

Si l'on compare l'intensité $\mathcal{H}_v$ du champ dans l'air, aux très proches confins des bases, à l'intensité du bloc au point Q à l'intérieur de la cavité, ce dernier paraîtra pratiquement nul par rapport au premier, ceci est la conséquence de ce que nous avons expliqué dans ce chapitre.

On peut illustrer le résultat précédemment indiqué par une expérience très simple. En supposant enroulé sur le cylindre ABCD un solénoïde de fils conducteurs parcourus par un courant, on déterminera un champ magnétique; sans l'existence du fer doux, nous aurions un champ $\mathcal{H}$ *sans discontinuité*, tandis qu'avec le fer doux, nous aurons, *dans l'hypothèse d'un barreau long*, un champ dont les valeurs sur les bords de AB et de CD seront :

$$\mathcal{H}_v = \mathcal{H} + 2\pi\mathcal{I}, \text{ dans l'air,}$$

et

$$\mathcal{H}_F = \mathcal{H} - \frac{2\pi\mathcal{I}}{\mu}, \text{ dans le fer doux,}$$

avec la condition toujours remplie :

$$\mathcal{H}_v = \mu.\mathcal{H}^F.$$

L'expérience consiste à introduire à moitié une aiguille d'acier dans la cavité cylindrique, on peut vérifier que le passage du courant produit l'aimantation de l'aiguille, mais seulement dans la moitié *extérieure* du cylindre; ce qui indique que le champ, à l'intérieur de la cavité, est négligeable par rapport au champ qui règne dans l'air dans les proches environs des faces d'entrée ou de sortie du champ, c'est ce qui explique l'expression imagée : les masses magnétiques jouent dans un champ magnétique le rôle de l'éponge dans une masse d'eau.

Valeur du champ dans une cavité pratiquée dans un électro-aimant. — Considérons (fig. 33) un cylindre métallique assez long pour pouvoir être supposé pratiquement indéfini, supposons que ce cylindre soit soumis à l'action d'un champ magnétisant d'intensité $\mathcal{K}$. Si ce cylindre est coupé normalement à son axe afin de pouvoir permettre de loger en A, entre les deux lames de coupure peu écartées, l'unité de pôle, l'action, exercée sur le pôle A résulte du champ et des deux aimants M et M′ en lesquels le grand cylindre a été décomposé par la coupure pratiquée. Ces deux aimants sont recouverts,

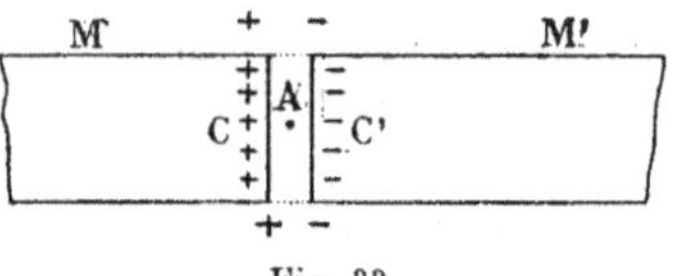

Fig. 33.

en regard de A, par deux couches infiniment voisines réparties sur leurs extrémités C et C′. La densité de ces couches est égale à l'intensité d'aimantation $\mathcal{I}$.

Les autres extrémités des aimants M et M′ sont supposées suffisamment éloignées, pour que les actions des couches qui les recouvrent puissent être négligées par rapport aux actions des couches réparties sur C et C′. L'action de chaque couche sur le pôle A a comme valeur, ainsi que nous l'avons vu (fasc. 1, p. 51), l'expression : $2\pi.\mathcal{I}$.

On a donc, pour intensité totale de l'action en A sur le pôle unité :

$$\mathcal{K} + 4\pi\mathcal{I},$$

formule dans laquelle l'expression $\mathcal{K}$ est le champ magnétisant du barreau considéré.

CHAPITRE IV

Le circuit magnétique.

Effet du courant électrique circulant dans un conducteur enroulé sur un anneau magnétique. — Nous avons traité, dans un paragraphe du fascicule précédent (p. 105), le cas d'un solénoïde ayant la forme d'un tore noyé dans l'air. Nous avons calculé le champ à l'intérieur d'un pareil solénoïde supposé enroulé de façon absolument régulière. On aurait pu démontrer facilement qu'en tout point extérieur au tore le champ était nul, ce fait est un cas particulier d'une propriété plus générale que nous allons mettre en évidence.

Supposons qu'une spire S de fil conducteur parcourue par un courant I soit enroulée sur un anneau magnétique A (fig. 34). Nous supposerons, de plus, que cet anneau ne présente pas de singularités

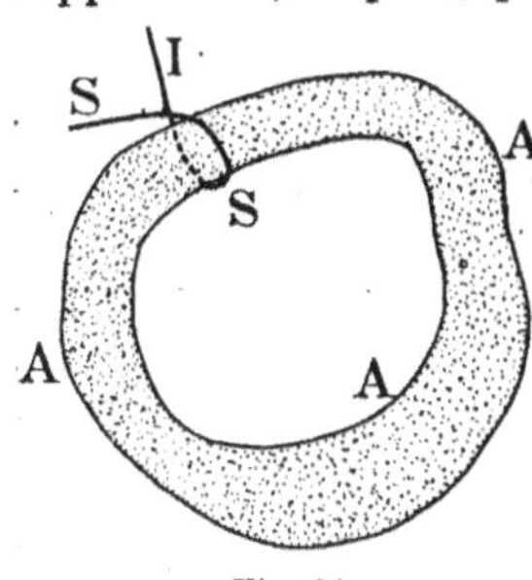
Fig. 34.

géométriques ou physiques, telles que, par exemple, des variations trop brusques (1) dans les sections ou dans la matière constitutive, nous supposerons encore que la *masse magnétique n'atteigne pas une saturation magnétique trop grande.* Dans ces conditions, on pourra induire que tout le champ se trouvera pratiquement localisé dans l'anneau : car, on sait que toutes les lignes du champ enlacent la spire, et nous avons d'ailleurs vu plus haut, page 59, que lorsqu'une ligne de champ se propageait dans une masse magnétique noyée elle-même dans un milieu *beaucoup*

---

(1) Cette remarque a, pour corrélatif en hydraulique, un corollaire du théorème de Bélanger : Pour qu'il n'y ait pas gaspillage d'énergie par suite de mouvements tumultueux, il faut que les conduites (ou les aubages) ne présentent pas de brusques variations dans leurs sections, mais qu'elles conservent, dans ces variations, une continuité absolue.

moins magnétique, tel que l'air, cette ligne de force ne sortait pas de la masse autant de temps qu'elle n'y était pas contrainte, soit par les singularités géométriques ou physiques, soit par des conditions particulières physiques, telle qu'une saturation complète de la matière.

Ainsi donc, en se plaçant dans les meilleures conditions d'expérimentation, on conclura tout naturellement qu'en dehors de l'anneau le champ est nul, c'est ce qu'une expérience bien menée peut confirmer. Cette expérience pourra être disposée de la façon suivante : on prendra un anneau magnétique homogène, de section constante, sans variation *brusque* de courbure, on enveloppera cet anneau par un solénoïde bien régulièrement enroulé sur lui (1) ; si l'on fait alors circuler un courant dans le fil conducteur du solénoïde, on constatera qu'une aiguille aimantée, montée sur pivot et tenue à *une distance notable* des fils, n'éprouve pas de déviation *sensible* du fait du passage du courant.

Les choses se passeront comme dans l'expérience électrique suivante. Supposons un conducteur électrique noyé dans l'eau *presque pure*, c'est-à-dire dans une eau qui serait très peu conductrice par rapport au fil conducteur, tout le flux électrique circulera dans le fil à un infiniment petit près qui fuira à travers le liquide ; toutes les lois d'Ohm et de Kirchhoff ne cesseront pas d'être applicables, *à une infiniment petite erreur près*, autant de temps que l'eau aura une conductibilité infiniment petite par rapport au fil conducteur. Dans le cas magnétique qui nous occupe, il en sera de même : aucun flux ne sortira de l'anneau à *un infiniment petit près, tant que la perméabilité du métal de l'anneau sera très grande par rapport à celle de l'air constituant le milieu enveloppant ;* nous allons voir maintenant, un peu plus loin, que, dans ces conditions, on peut généraliser les lois d'Ohm et de Kirchhoff aux phénomènes magnétiques.

Généralisation des lois d'Ohm et de Kirchhoff aux phénomènes magnétiques. — Considérons une chaîne formée de corps magnétiques ajoutés bout à bout par leur section droite (fig. 35) de

---

(1) Le solénoïde devra être enroulé de telle sorte que la courbe déterminée par les spires soit une géodésique de la surface et que l'écartement *minimum* de deux spires voisines soit constant.

façon aussi parfaite que possible ; admettons, de plus, que les sections des métaux de cette chaîne ne présentent pas d'étranglement, ou, plus généralement, de discontinuités géométriques *trop marquées*; dans ces conditions, si les discontinuités physiques ne sont pas,

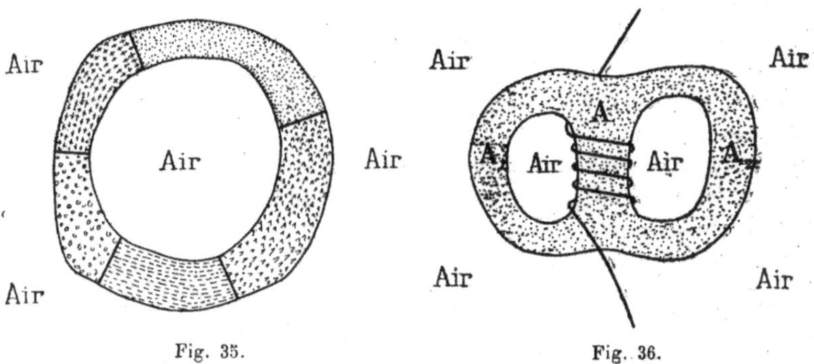

Fig. 35.   Fig. 36.

elles non plus, *trop marquées*, on peut induire que le flux magnétique déterminé par un enroulement de fils conducteurs enlaçant les métaux de la chaîne suivra, d'après ce que nous avons vu plus haut, *le chemin le plus magnétique*. Dans cette hypothèse, que l'expérience confirme, de très faibles fuites magnétiques seulement s'évadent à travers l'air environnant ; au surplus, nous tiendrons compte dans la suite de ces fuites que les discontinuités physiques ou géométriques de la chaîne ont bien pu déterminer.

Nous allons appliquer d'abord les théorèmes du chapitre précédent, en négligeant ces fuites ; si n est le nombre de spires, I le courant qui les parcourt, Φ le flux d'induction ; $\mathcal{R}_1$, $\mathcal{R}_2$, $\mathcal{R}_3$, $\mathcal{R}_4$ .... $\mathcal{R}_s$ les réluctances de chaque partie de la chaîne, on aura :

Énergie de magnétisation fournie à l'établissement du courant.. $\dfrac{n\Phi I}{2}$,

Énergie emmagasinée dans la section de perméabilité $\mathcal{R}_p$ ..... $\dfrac{\Phi^2}{8\pi}\mathcal{R}_p$;

et finalement :

$$\frac{n\Phi I}{2} = \frac{\Phi^2}{8\pi}\,(\mathcal{R}_1 + \mathcal{R}_2 + \ldots + \mathcal{R}_s),$$

ou encore :

$$4\pi n I = \Phi . \Sigma \mathcal{R}.$$

et :

$$\Phi = \frac{4\pi n I}{\Sigma \mathcal{R}}.$$

Ainsi, *le flux à travers un circuit magnétique sans dérivation s'obtient en divisant la force magnétomotrice* $4\pi n i$ *par la somme des réluctances du circuit.*

Si, au lieu d'un circuit sans dérivation, on était en présence d'un circuit présentant, au contraire, des dérivations (fig. 36), on conduirait le calcul de la façon suivante.

Le flux Φ produit par les n spires enroulées en A se partage en deux ; l'un, Φ_1, aura pour siège la branche A_1 et l'autre, Φ_2, aura pour siège la branche A_2, si V_1 est le potentiel magnétique de la surface de niveau séparant A de A_1 et de A_2 à la partie supérieure de la carcasse, et V_2 la valeur du potentiel correspondant à la partie inférieure, on aura :

Énergie emmagasinée en A_1 .... $\dfrac{1}{8\pi} . \dfrac{(V_1 - V_2)^2}{\mathcal{R}_1}$

Énergie emmagasinée en A_2 .... $\dfrac{1}{8\pi} . \dfrac{(V_1 - V_2)^2}{\mathcal{R}_2}$

Supposons que nous voulions remplacer l'ensemble des branches A_1 et A_2 par une seule, de réluctance $\mathcal{R}_3$, susceptible d'absorber la même énergie que A_1 et A_2 réunies, n'entraînant dans A aucune modification magnétique, du fait de la substitution, nous aurons :

$$\frac{1}{8\pi} . \frac{(V_1 - V_2)^2}{\mathcal{R}_1} + \frac{1}{8\pi} \frac{(V_1 - V_2)^2}{\mathcal{R}_2} = \frac{1}{8\pi} \frac{(V_1 - V_2)^2}{\mathcal{R}_3},$$

c'est-à-dire que :

$$\frac{1}{\mathcal{R}_1} + \frac{1}{\mathcal{R}_2} = \frac{1}{\mathcal{R}_3},$$

et ainsi, se trouve *généralisée la loi de Kirchhoff.*

Il est clair que l'analogie est plutôt dans les formules que dans les faits. La résistance magnétique que nous avons appelée *réluctance* est pratiquement fonction de la force magnétomotrice et du flux qui traverse le corps magnétique, tandis que la résistance électrique ne dépend que de la nature, des dimensions et de la température du conducteur et de rien autre en plus (1).

MM. Ayrton et Perry ont montré *expérimentalement* que l'application des lois de Kirchhoff aux circuits magnétiques était justifiée, on retrouvera sous la signature de M. Ledeboer un article de la *Lumière électrique,* 1887, tome II, détaillant ces expériences de vérifications qui furent absolument concluantes.

La non-constance de la fonction μ rend, en magnétisme, plus compliquée qu'en électricité, l'application des formules généralisées d'Ohm et de Kirchhoff. C'est qu'en effet, d'après les récents travaux de Curie, de Becquerel, de Lorenz, de Zeemann et de J. Thomson, un champ magnétique puissant est le seul moyen véritablement efficace que nous ayons pour agir sur la *constitution* de la matière même ; de sorte qu'on peut émettre maintenant l'idée qu'un corps, qui, à nos yeux, reste identique à lui-même, varie cependant *très profondément* lorsqu'il est soumis à des champs d'intensité très différente ; nous y reviendrons prochainement. La considération du circuit magnétique et l'application des théorèmes d'Ohm et de Kirchhoff aux phénomènes magnétiques ont permis à l'industrie électrique de s'asseoir sur *une base absolument solide* pour la réalisation des diverses machines et appareils employés couramment ; tous les progrès effectués dans l'industrie, depuis vingt ans sont dus aux idées précises que nous venons de reproduire plus haut. Ce fascicule ne doit pas développer en détail les *applications si importantes* des propriétés établies dans le chapitre précédent ainsi que dans le fascicule troisième ; nous renvoyons donc à chacun des fascicules spéciaux de cette encyclopédie pour l'étude plus détaillée des applications du circuit magnétique et de toutes les prédéterminations des machines et d'autres appareils électriques.

---

(1) Une autre différence entre les deux phénomènes réside en ce fait que, pour l'électrocinétique, l'énergie est constamment fournie par une source pour être dissipée en chaleur ou autrement ; si la production d'énergie cesse, le courant cesse presque instantanément, juste le temps très court nécessaire pour dissiper l'énergie que la magnétisation du milieu restituera. Pour le magnétisme, l'énergie est localisée, elle ne se dissipe pas, elle est stagnante pendant tout le temps que le régime ne varie pas ; si le régime magnétique *varie*, il y a restitution (ou demande nouvelle) d'énergie aux sources alimentant les courants producteurs du champ, mais il n'y aura pas dissipation comme dans le cas du courant électrique.

Cas général où des fuites magnétiques existent. — Supposons une chaîne formée de divers métaux magnétiques (fig. 37), partageons cette chaîne par des tranches A,B,C,D,E,F telles que, pour chacune d'elles, les fuites magnétiques ne se produisent qu'aux sections de raccordement mm', nn', pp',...; ceci posé, soient :

I_A, n_A, Φ_A, $\mathcal{R}$ le courant I_A parcourant les n_A spires enroulées dans le sens convenable sur A, le flux Φ_A dont A est le siège, la réluctance $\mathcal{R}_A$ de la section A,

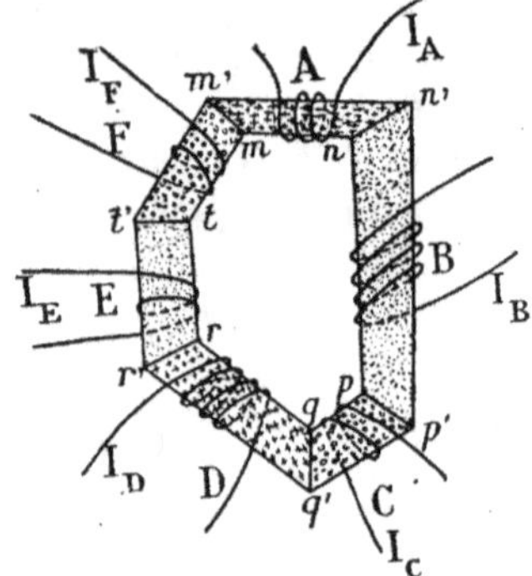

Fig. 37.

I_F, n_F, Φ_F, $\mathcal{R}_F$ le courant, le nombre de spires, le flux et la réluctance relatifs à la section F; nous aurons, en appelant V_m le potentiel magnétique au point m (1) :

$$(S) \begin{cases} V_n - V_m = \mathcal{R}_A \Phi_A - 4\pi . n_A . I_A \\ V_p - V_n = \mathcal{R}_B \Phi_B - 4\pi . n_B . I_B \\ \dotfill \\ V_m - V_t = \mathcal{R}_F . \Phi_F - 4\pi . n_F . I_F \end{cases}$$

et en sommant membre à membre :

$$0 = \Sigma (\mathcal{R}_A \Phi_A + \ldots) - 4\pi \Sigma (n_A I_A + n_B I_B + \ldots).$$

C'est encore une formule généralisée de l'électrocinétique. Supposons que tous les enroulements soient concentrés sur la section A, à l'exclusion des autres sections; Φ_A est donc, de tous les Φ, celui qui a la plus grande valeur, car c'est sur la section A que le

---

(1) Les égalités S sont les conséquences des principes établis aux pages précédentes, nous en donnons ci-dessous une démonstration rigoureuse :

Supposons (fig. 38) une partie de circuit magnétique *sans fuite* compris entre deux bases aa' et bb' qu'on admettra coïncidentes avec des surfaces de niveau; supposons enroulée sur cette branche de circuit une seule spire I, et, de plus, disposée de façon à être entièrement sur une surface de niveau (sinon d'ailleurs cette spire pourrait devenir la cause d'une fuite magnétique), menons, de part et d'autre de cette spire, deux surfaces de niveau infiniment voisines cc' et dd', nous aurons :

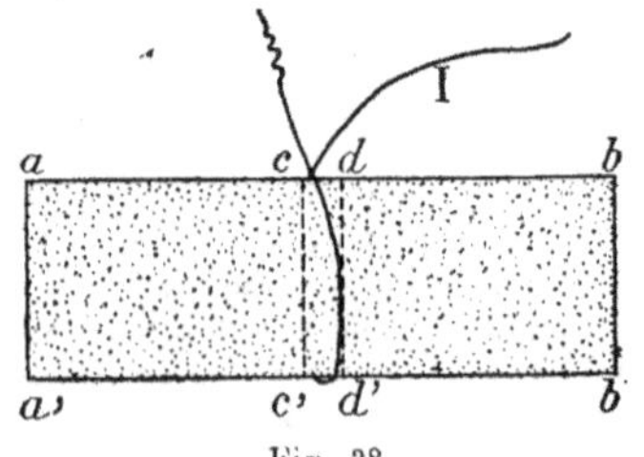

Fig. 38.

$$V_c - V_a = \mathcal{R}_1 \Phi \qquad \text{et} \qquad V_b - V_d = \mathcal{R}_2 \Phi,$$

flux est produit et aucune fuite n'a lieu sur A lui-même par hypothèse ; ceci posé, écrivons avec Hopkinson

$$\frac{\Phi_A}{\Phi_B} = v_B, \qquad \frac{\Phi_A}{\Phi_C} = v_C, \quad \dots \quad \frac{\Phi_A}{\Phi_F} = v_F,$$

nous aurons :

$$4\pi n_A I_A = \Phi_A \left(\mathcal{R}_A + \frac{\mathcal{R}_B}{v_B} + \frac{\mathcal{R}_C}{v_C} + \dots \frac{\mathcal{R}_F}{v_F} \right);$$

si les sections A, B, C.... F sont les sections d'un même appareil
électrique : machine, transformateurs ou autres, on connaîtra à
l'usine, expérimentalement, le taux des fuites v_B, v_C... v_F de chaque
partie ; car, les appareils dans l'industrie se faisant en série, on
aura pu relever les valeurs des divers v pour des machines peu
différentes comme importance ; un premier calcul permet toujours
ainsi de prédéterminer, par extrapolation, une machine nouvelle
de forme déjà examinée.

**Considérations générales sur les variations d'induction magné-
tique des corps.** — Nous n'avons jusqu'ici considéré que le cas de μ
constant, ou, plus exactement, pour établir la formule (P) fondamentale de la page 55, nous avons admis qu'à une valeur de $\mathcal{H}$ cor-
respondait une valeur de μ bien déterminée. Cette hypothèse est
fort loin de la réalité, car le phénomène d'aimantation est généralement *irréversible*, sauf pour les corps, tel que l'air, pour lesquels

---

en appelant $\mathcal{R}_1$ et $\mathcal{R}_2$ les réluctances respectivement de $(aa'cc')$ et $(dd'bb')$, on en déduit :

$$V_b - V_a + V_c - V_d = \Phi(\mathcal{R}_1 + \mathcal{R}_2).$$

Or, si les deux surfaces de niveau sont extrêmement voisines, on a :

$$V_c - V_d = 4.\pi.I, \qquad \mathcal{R}_1 + \mathcal{R}_2 = \mathcal{R},$$

en appelant $\mathcal{R}$ la réluctance totale du circuit $(aa'bb')$, on a donc :

$$V_b - V_a = \Phi.\mathcal{R} - 4.\pi.I ;$$

si, au lieu d'une spire, on avait eu n spires, on aurait eu :

$$V_b - V_a = \Phi.\mathcal{R} - 4.\pi.n.I.$$

C. Q. F. D.

la valeur de μ est constante dans les conditions ordinaires des températures.

Nous allons toutefois démontrer que les conséquences jusqu'ici obtenues sont légitimes, mais il faut préalablement donner quelques aperçus complémentaires et une certaine extension aux définitions des grandeurs considérées.

Si l'énergie **W** emmagasinée dans le champ n'est pas fonction uniforme **de** $\mathcal{H}$, c'est-à-dire s'il est impossible de déclarer : le champ inducteur est $\mathcal{H}$, donc l'énergie emmagasinée a une valeur immédiatement déterminée ; on peut affirmer néanmoins qu'à chaque valeur de $\mathcal{H}$, *pourvu qu'on ait un complet égard aux étapes magnétiques antérieurement effectuées*, W a une valeur unique et déterminée. Ainsi, si nous prenons un barreau complètement vierge de magnétisme et qu'on le soumette à des champs inducteurs d'orientation constante *croissant sans cesse lentement*, on pourra expérimentalement établir (nous verrons dans la suite comment) une courbe représentative de μ en fonction de $\mathcal{H}$; et aussi, avec ces restrictions faites, à chaque valeur de $\mathcal{H}$ correspondra bien une valeur de μ et *une seule*.

Les hypothèses de Weber sur la polarisation, les illustrations que le physicien Ewing a données de ces hypothèses permettent de prévoir que, toutes les fois que nous serons en présence d'une *variation infiniment petite* de $\mathcal{H}$, le phénomène sera *réversible*. En effet, si $\mathcal{H}$ varie de $\mathcal{H}_0$ à $\mathcal{H}_0 + d\mathcal{H}$ pour revenir ensuite à $\mathcal{H}_0$, l'équilibre des petits aimants figuratifs d'Ewing (p. 38, fasc. 3) n'aura pas été modifié, c'est-à-dire qu'on n'aura pas dépassé la limite de variation réversible autour de la position d'équilibre relative à la valeur de $\mathcal{H}_0$; or, dans la démonstration de la formule (P), nous avons bien envisagé une variation du champ, mais nous avons expliqué que la variation en serait infiniment petite, ainsi donc, toutes les conséquences précédemment obtenues pourraient déjà être considérées comme légitimes, puisqu'en réalité le seul point en litige portait sur la démonstration de la formule (P).

Mais, on peut préciser davantage ; si nous sommes dans l'impossibilité de déclarer que l'énergie W emmagasinée dans le champ est fonction analytique de $\mathcal{H}$, c'est-à-dire une fonction uniforme de $\mathcal{H}$ admettant pour chaque valeur de la variable vectorielle une dérivée unique et déterminée, nous pouvons affirmer que, pour toutes les valeurs que prend successivement $\mathcal{H}$, W existe ; ce W ne dépend pas évidemment de $\mathcal{H}$ seul, mais, à la condition qu'*on tienne un compte exact des étapes antérieures de magnétisme* (1), nous pouvons énoncer qu'à une valeur de $\mathcal{H}$ correspond *une* valeur et *une seule* de W, c'est une évidence physicomécanique.

Pour tenir compte des étapes magnétiques antérieures de la matière Σ, nous pourrons, tout en nous référant à la démonstration de la page 52 et suivantes, faire subir quelques modifications aux calculs d'établissement de la formule P aux fins de rendre celle-ci absolument générale.

Nous pouvons considérer que le corps magnétique Σ a une nature différente à chaque passage par la valeur $\mathcal{H}_0$ du champ inducteur, ces variations de nature dépendant de l'influence des étapes magnétiques antérieures (2).

---

(1) Ce cas n'est pas une anomalie physique, car des cas semblables se présentent sans cesse, nous n'en citerons qu'un seul : Nous prenons un mélange convenablement déterminé de terre à brique et d'argile, nous faisons avec ce mélange deux objets en tous points identiques ; nous plaçons le premier de ces objets dans un four de boulanger, puis le retirant nous le laissons revenir à la température de 25° C. Nous plaçons alors le deuxième objet dans un four à réverbère à une températurede 1.150 à 1.350° C, puis le retirant nous laissons ce deuxième échantillon revenir à la température de 25° C. — Les deux objets obtenus varieront-ils ensuite avec la température d'une façon identique ? — évidemment non, car ils se ressentiront des étapes de cuisson antérieurement subies. Il y a plus, suivant la rapidité de séchage et de cuisson, des produits d'origine semblable différeront, malgré l'identité des températures extrêmes auxquelles ils auront été portés, ce, malgré l'apparente similitude extérieure des deux échantillons après les opérations. Cependant, si nous portons le 1er échantillon de la température 25 à la température 40°C, nous aurons une quantité bien déterminée d'énergie calorifique emmagasinée, mais cette énergie calorifique différera de celle emmagasinée par le deuxième échantillon porté lui aussi de 25° à 40° C.

Dans un autre ordre d'idées, la conduite générale d'une nation mise en présence d'un ensemble d'événements dépendra non seulement de la nature de ces événements eux-mêmes, mais aussi, et surtout, des ambiances passées que ce peuple a traversées, de toute cette série d'événements, heureux ou néfastes, qui constituent son histoire et qui lui ont laissé, sans même qu'il ne s'en doute, une trace profonde et indélébile.

Un peuple au passé vierge aura toujours l'allure primesautière, un peuple vieux présentera, dans son allure, le phénomène d'hystérésis.

(2) Cette influence des étapes effectuées par les corps sur leurs propriétés est désignée souvent par les biologistes sous le nom de *mémoire inorganique*. « Un colloïde, dit « M. J. Duclaux dans un article de la *Revue du Mois* paru en février 1909, porte la trace « de toutes les modifications que nous lui avons fait subir et il les enregistre dans leur « ordre. Chauffé, puis refroidi, il a changé. Desséché et dissous, il n'est plus le même. Les « propriétés dépendent non seulement de la date et des conditions de sa naissance, mais de « toutes les circonstances de sa vie. » M. Painlevé a fait remarquer, même revue, article paru en mai 1909, qu'il en est de même des cristalloïdes, des corps solides ; toutefois

Ainsi donc, à une valeur de $\mathcal{H}$, correspondra une infinité de valeurs de la constante μ de la formule d'attraction de Coulomb, lorsqu'on ne fournira pas en même temps l'histoire magnétique de l'échantillon Σ ; au contraire, *lorsqu'on tiendra un compte exact des étapes magnétiques antérieures de Σ, à une valeur de $\mathcal{H}$ correspondra bien une valeur déterminée et une seule de μ.* Autrement dit, μ est fonction composée de $\mathcal{H}$ et d'une variable ε, difficilement définissable, dont *la connaissance fournirait tous renseignements sur l'histoire magnétique de Σ.* Cette variable ε résumerait, en somme, la vie magnétique passée de l'échantillon ; il n'est donc pas surprenant que la valeur de μ ne soit pas indiscutablement fournie, lorsque *seule* la valeur de $\mathcal{H}$ est fournie.

En conséquence, la fonction μ s'exprimera mathématiquement, avec plus d'exactitude, par le symbole :

$$\mu = \varphi\,(\mathcal{H}, \varepsilon),$$

ε étant la variable rappelant tous les effets produits, d'une part, par les variations antérieures du vecteur $\mathcal{H}$ et, d'autre part, par les rapidités avec lesquelles ces variations furent effectuées.

Si, *à partir de $\mathcal{H}_0$*, sur deux échantillons identiques ayant même histoire magnétique, nous faisons varier $\mathcal{H}$ de $d\mathcal{H}$ pour l'un, de $-\,d\mathcal{H}$ pour l'autre, nous aurons

$$\text{(pour le premier)} \quad d\mu_1 = \frac{\partial\varphi}{\partial\mathcal{H}}\,d\mathcal{H} + \frac{\partial\varphi}{\partial\varepsilon}\,d\varepsilon,$$

$$\text{(pour le second)} \quad d\mu_2 = -\,\frac{\partial\varphi}{\partial\mathcal{H}}\,d\mathcal{H} + \frac{\partial\varphi}{\partial\varepsilon}\,d\varepsilon.$$

par conséquent

$$\text{val. abs.} \left[\frac{d\mu_1}{d\mathcal{H}}\right] \text{ différent de val. abs.} \left[\frac{d\mu_2}{d\mathcal{H}}\right];$$

par suite, la courbe de μ en fonction de $\mathcal{H}$ ne recouvre pas, pour des valeurs descendantes de $\mathcal{H}$, la courbe obtenue pour des valeurs montantes de $\mathcal{H}$; ce qui est bien conforme à ce que révèle l'expérience.

Ceci exposé, il est bien facile de comprendre la modification

---

M. Painlevé proteste contre l'emploi des termes de mémoire et d'hérédité, avec raison nous paraît-il, car le mot mémoire semble donner un caractère mystérieux aux phénomènes et indiquer, *à tort il est vrai*, une tendance à l'anthropomorphisme de la part de ceux qui l'emploient.

nécessaire à apporter à la démonstration de la formule (P) ; il suffira de supposer que le petit volume du, que l'on détache pour le rejeter à l'infini, a non seulement même nature, mais aussi même histoire magnétique que tout le reste du bloc Σ.

Dans ces conditions, la formule (P) se retrouvera établie, mais avec la valeur convenable pour le coefficient μ.

On peut prévoir déjà un cas particulièrement intéressant, ce serait celui où μ serait nul pour une valeur de $\mathcal{H}$ non nulle ; dans ce cas, la valeur de $\mathcal{B}$ serait nulle et la réluctance devrait être considérée comme infinie. Ce cas existe réellement, comme nous allons le voir à une page prochaine, on se trouve alors en présence d'un échantillon magnétique qui redevient absolument neutre magnétiquement sous l'action d'un champ convenablement choisi.

En résumé, toutes les conséquences précédemment établies dans ce fascicule subsistent, il suffira de considérer μ, non pas comme une fonction de $\mathcal{H}$ seul, mais comme une fonction de $\mathcal{H}$ et d'une variable ε *définissant les états antérieurs traversés par la matière* Σ.

Force portante des électro-aimants. — Moyen de calculer les éléments magnétiques μ **et** $\mathcal{B}$. — Considérons un électroaimant partagé en deux parties, ainsi que le représente la figure 39. Ces deux parties T et (S'N') ont été écartées sur la figure de la longueur $d\lambda$.

Admettons que le dressage des parties AB, CD, A'B', C'D', correctement travaillées d'ailleurs, n'atteigne pas cependant ce point de perfection qu'au contact des deux portions de l'électro-aimant adhérent du fait seul des attractions moléculaires ; un simple fil de soie très mince devrait alors dans ce cas être interposé (1).

Appelons l la longueur totale de la ligne moyenne de l'électro-aimant lorsque les deux parties T et (S'N') sont au contact ; on aura évidemment, si les deux parties s'écartent de $d\lambda$, une augmentation de la longueur moyenne du circuit magnétique égale à $2.d\lambda$, autrement dit : $2\,d\lambda = dl$.

---

(1) M. Johansson, inspecteur de la fabrique royale d'armes de Suède, a établi des jeux de calibres destinés à réaliser matériellement par voie de combinaison une série d'étalons de longueur procédant par 1/100 de millimètre. Chaque calibre a la forme d'un parallélipipède dont les faces sont dressées avec une perfection telle qu'en mettant deux échantillons au contact, il faut, pour en obtenir ensuite la séparation, faire un effort de 11 atmosphères. Le mode opératoire de M. Johansson est encore tenu secret (*C. R.*, 5 avril 1909).

Ceci posé, admettons: 1° qu'à l'origine de l'expérience, les deux parties T et (S'N') soient au contact; 2° que nous soyons éloignés de la saturation; 3° que l'électro-aimant soit suffisamment bien réalisé pour qu'il n'existe aucune fuite magnétique dans ces conditions.

Si W est l'énergie intrinsèque du courant circulant dans le solénoïde enroulé sur le noyau, ce courant aura cédé électromagnétiquement le compte de fournitures énergétiques suivantes :

Énergie intrinsèque disséminée dans le champ : W.

Énergie nécessaire pour grouper les diverses parties composant le champ en présence : W.

Or, si F est la force *moyenne* d'arrachement des deux parties T et (S'N') à partir du contact jusqu'à l'écartement $d\lambda$, nous aurons, comme valeur nécessaire à cet arrachement, l'expression $F.d\lambda$. Cette expression est un travail fourni pour modifier l'agencement des diverses parties du champ, non *pas pour tendre à grouper ces diverses parties, mais, bien au contraire, pour les écarter*, c'est donc la variation *changée de signe* de la deuxième partie du compte des fournitures énergétiques ci-dessus énuméré. La première partie de ce compte a, par conséquent, varié de la *même quantité* au cours du déplacement de (S'N') sur une longueur $d\lambda$, nous allons maintenant calculer spécialement la variation énergétique de cette première partie.

Appelons :

Φ le flux régnant dans l'électroaimant, de section uniforme S;

$\mathcal{R}$ la réluctance totale de cet électroaimant, lorsque les parties T et (S'N') sont au contact;

W l'énergie intrinsèque du courant circulant dans le solénoïde enroulé sur le noyau, alors que les parties T et (S'N') sont au contact; nous aurons :

$$W = \frac{1}{8\pi}\,\Phi^2.\mathcal{R},$$

de sorte que la variation de W, lorsque les deux parties ont été écartées de $d\lambda$, sera donnée par l'expression :

$$dW = \frac{1}{8\pi}\left\{\,2.\Phi.\mathcal{R}.d\Phi + \Phi^2.d\mathcal{R}\,\right\},$$

ou encore :

$$dW = \frac{\Phi}{8\pi}\left\{\,2\mathcal{R}.d\Phi + \Phi.d\mathcal{R}\,\right\},$$

or (1) :

$$4\pi n\,\mathrm{I} = \Phi.\mathcal{R},$$

sachant, de plus, que I conserve la même valeur *immédiatement avant* et *immédiatement après* la période variable coïncidant avec la durée infiniment courte d'arrachement, on conclut :

$$0 = \mathcal{R}.d\Phi + \Phi.d\mathcal{R},$$

et, par conséquent :

$$d\Phi = -\,\Phi.\frac{d\mathcal{R}}{\mathcal{R}};$$

en reportant dans $d\mathrm{W}$ précédemment obtenu, nous aurons :

$$d\mathrm{W} = -\,\frac{\Phi^2}{8\pi}.d\mathcal{R} = \frac{\Phi}{8\pi}.\mathcal{R}.d\Phi\,;$$

or :

$$\mathcal{R} = \frac{l}{\mu.\mathrm{S}}, \qquad \mathcal{R} + d\mathcal{R} = \frac{l}{(\mu + d\mu)\mathrm{S}} + \frac{2.d\lambda}{\mathrm{S}},$$

c'est-à-dire que :

$$d\mathcal{R} = \frac{l}{\mathrm{S}}.d\left(\frac{1}{\mu}\right) + 2.\frac{d\lambda}{\mathrm{S}},$$

en reportant dans l'expression de $d\mathrm{W}$, nous obtenons :

$$d\mathrm{W} = -\,\frac{\mathcal{B}^2.\mathrm{S}}{4.\pi}\left[d\lambda + \frac{l}{2}.d\left(\frac{1}{\mu}\right)\right].$$

Or, nous avons admis que nous étions éloignés de la saturation magnétique, les expériences, que nous allons être amenés à détailler, nous apprendront que ce cas correspond à des valeurs de μ d'un ordre de grandeur compris entre 1.000 et 3.000, ce qui veut dire que l'expression $\frac{1}{\mu}$ a un ordre de grandeur compris entre $\frac{1}{1.000}$ et $\frac{1}{3.000}$, μ^{-1} est donc physiquement négligeable devant l'unité ; par conséquent, $d\left(\frac{1}{\mu}\right)$ est la différentielle d'une quantité déjà très petite $\frac{1}{\mu}$, ainsi $d\left(\frac{1}{\mu}\right)$

_____

(1) On suppose implicitement que l'écartement $d\lambda$ aura été assez faible pour ne pas introduire de fuites magnétiques au sectionnement de l'électroaimant.

est un infiniment petit du deuxième ordre que nous sommes en
droit de négliger, finalement la formule précédente se réduit à :

$$d\mathrm{W} = -\frac{\mathcal{B}^2 . \mathrm{S}}{4 . \pi} . d\lambda,$$

c'est-à-dire que :

$$-\mathrm{F}\, d\lambda = -\frac{\mathcal{B}^2 . \mathrm{S}}{4 . \pi} . d\lambda,$$

donc :

$$+\mathrm{F} = \frac{\mathcal{B}^2 . \mathrm{S}}{4 . \pi}.$$

On donne, le plus souvent, une démonstration de cette formule
moins *rigoureuse* que la précédente ; nous allons, toutefois, reproduire ici cette méthode.
Reprenons la même fi-
gure que précédemment
(fig. 39) ; en un point de
la surface CD sera ré-
partie, sur l'étendue *ds*
environnante, une masse
$\mathfrak{J}\, ds$; celle-ci se trouvera
attirée par les masses
situées sur AB avec une
intensité que nous avons
déjà calculée (fasc. 1, p. 40)
dont la valeur est :

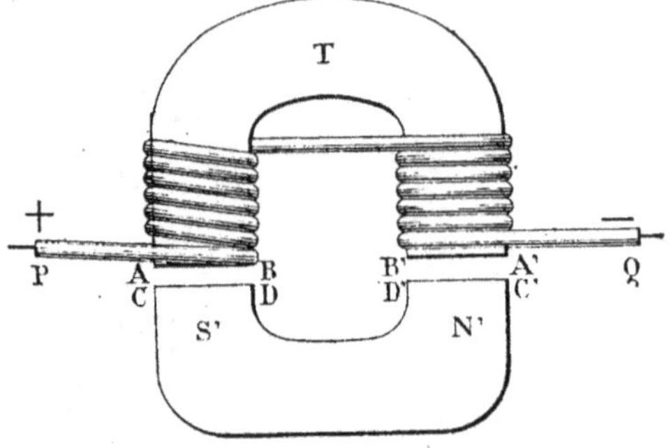

Fig. 39.

$$2\pi . \mathfrak{J} . \mathfrak{J} . ds = 2\pi . \mathfrak{J}^2 . ds,$$

de plus, $\mathfrak{J}ds$ se trouvera dans le champ inducteur $\mathcal{H}$, on aura ainsi,
de ce fait, une composante supplémentaire $\mathcal{H}\,\mathfrak{J} . ds$, de sorte que l'action
totale sur $\mathfrak{J}ds$ sera :

$$(\mathcal{H} + 2\pi . \mathfrak{J})\, \mathfrak{J} . ds.$$

Or, la même densité règne sur CD et sur C'D', on conclura facilement que l'action totale pour l'ensemble sera :

$$2\,(\mathcal{H} + 2\pi . \mathfrak{J})\, \mathfrak{J} . \mathrm{S} = \mathrm{F} ;$$

nous savons d'ailleurs que :

$$\mathcal{H} + 4\pi . \mathfrak{J} = \mathcal{B},$$

c'est-à-dire que

$$2\,(\mathcal{H} + 2\pi.\mathcal{I}) = \mathcal{B} + \mathcal{H},$$

de plus :

$$\mathcal{I} = \frac{\mathcal{B} - \mathcal{H}}{4.\pi}.$$

par conséquent :

$$\mathrm{F} = \frac{\mathcal{B}^2 - \mathcal{H}^2}{4.\pi}.\mathrm{S} = \frac{\mathcal{B}^2.\mathrm{S}}{4.\pi}\left(1 - \frac{1}{\mu^2}\right).$$

En négligeant $\frac{1}{\mu^2}$ devant 1, nous aurons finalement

$$\mathrm{F} = \frac{\mathcal{B}^2.\mathrm{S}}{4.\pi}.$$

On comprend aisément qu'en mesurant au dynamomètre l'effort F d'arrachement, il sera possible de calculer facilement $\mathcal{B}$. Cette méthode offre peu de précision ; on effectuera les mesures précises à l'aide de méthodes balistiques que nous ne pouvons encore expliquer ici, il est ainsi entendu que tous les résultats, que nous allons donner, ont été obtenus par ces dernières méthodes rigoureuses.

Dans les ateliers, on a utilisé la propriété ci-dessus établie dans la construction des appareils industriels dits perméamètres ; nous allons décrire succinctement le plus perfectionné entre tous ces appareils, celui réalisé par la maison J. Carpentier.

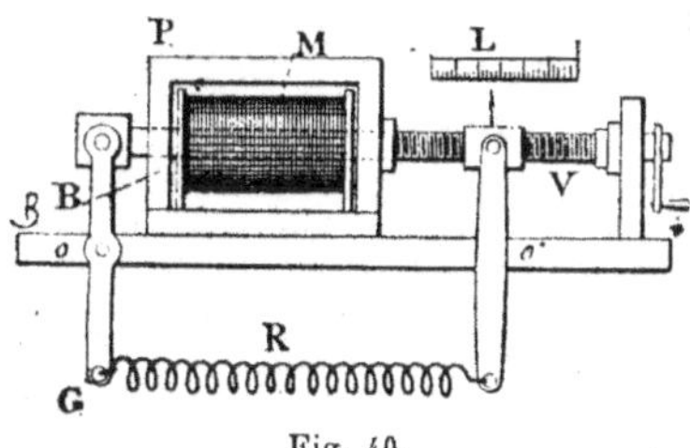

Fig. 40.

Dans l'appareil Carpentier (fig. 40), le cylindre de fer doux M, dont on veut mesurer la perméabilité, traverse, à frottement doux du côté de P, un grand cadre massif rectangulaire, la base bien dressée de ce cylindre vient s'appliquer sur la surface, également bien dressée, du cadre du côté de la vis. On se rend compte sur la figure qu'en tournant la manivelle commandant la vis V, l'effort d'arrachement se transmettra, par l'intermédiaire du ressort R et des deux leviers, jusqu'en B.

Le chariot entraînant le premier levier porte un index qui se déplace devant une échelle L graduée à l'avance. La position de l'index au moment de l'arrachement repérera ainsi la force d'arrachement des échantillons de *dimensions identiques*.

Travail d'aimantation. — Considérons un barreau dans un champ inducteur $\mathcal{H}$; la *totalité* de l'énergie nécessaire pour faire, de ce barreau, un aimant dans le champ $\mathcal{H}$ est :

$$\mathcal{M}.\mathcal{H},$$

soit, par unité de volume :

$$\frac{\mathcal{M}\mathcal{H}}{v} = \mathcal{I}.\mathcal{H}.$$

Nous savons d'ailleurs que cette énergie se décomposera en deux parties, l'une nécessaire au travail de transport du barreau depuis l'infini jusqu'à sa position dans le champ, l'autre partie aura été fournie (ou demandée) au courant déterminant le champ, pour les perturbations occasionnées par le barreau dans le champ.

Si, au lieu de considérer le barreau, on considère une masse magnétique Σ quelconque, on aura pour expression de l'énergie U :

$$U = \int_{\Sigma} \mathcal{I}.\mathcal{H}.dv.$$

Supposons que nous fassions varier $\mathcal{H}$ de $d\mathcal{H}$, nous aurons :

$$\Delta U = \int_{\Sigma} (\mathcal{I}.d\mathcal{H} + \mathcal{H}.d\mathcal{I})\,dv.$$

La première partie de cette intégrale suppose $\mathcal{I}$ constant, elle n'apportera donc rien dans l'évaluation du travail d'aimantation, la seconde seule intéressera ce travail :

$$\Delta U' = \int_{\Sigma} \mathcal{H}.d\mathcal{I}.dv = \frac{1}{4\pi} \int_{\Sigma} \mathcal{H}.d\mathcal{B}.dv - \frac{1}{4\pi} \int_{\Sigma} \mathcal{H}.d\mathcal{H}.dv.$$

Si l'on veut connnaître le travail demandé pour l'*aimantation seule*, on devra prendre $\Delta U'$. La deuxième intégrale qui entre dans $\Delta U'$ intéresse l'aimantation du vide qui occuperait la place de Σ dans le champ; il en résulte que toute l'énergie, disséminée dans la *masse magnétique* Σ elle-même, est donnée, pour un *cycle complet* des valeurs de $\mathcal{H}$, par l'expression :

$$\Delta U'' = \frac{1}{4\pi} \int_{\Sigma} \mathcal{H}.d\mathcal{B}.dv.$$

Il faut bien remarquer que la variation de l'*énergie intrinsèque* est donnée par la formule

$$\Delta W = \frac{1}{8\pi} \int_\Sigma (\mathcal{H}.d\mathcal{B} + \mathcal{B}\,d\mathcal{H})\,dv.$$

qui n'est autre que :

$$\Delta W = \Delta\left(\frac{1}{8\pi}\int_\Sigma \mu,\mathcal{H}^2.\,dv\right) = \Delta\left(\frac{1}{8\pi}\int_\Sigma \mathcal{H}.\mathcal{B}.\,dv\right)$$

CHAPITRE V

Étude graphique des phénomènes magnétiques.

Courbes d'aimantation. — Le calcul de la force d'arrachement a permis de concevoir un procédé permettant de déterminer l'induction d'une substance magnétique soumise à un champ d'influence uniforme. Le procédé, malheureusement, ne se prête pas aux mesures précises et à l'analyse des phénomènes remarquables présentés par l'aimantation; les méthodes de mesures sérieuses à l'aide du balistique ne peuvent encore être indiquées en l'état actuel de nos connaissances, nous les exposerons dans le fascicule suivant, lorsque les théories de l'induction seront acquises; toutefois, nous allons développer ici les conséquences de ces expériences, aux fins de faire comprendre le mécanisme de l'induction magnétique.

Supposons donc que, dans un champ uniforme, on place un cylindre de grande longueur par rapport à sa section, parallèlement aux lignes de force, puis que, faisant croître *progressivement* l'intensité $\mathcal{H}$, on détermine, pour chaque valeur de $\mathcal{H}$, la valeur de l'induction du cylindre. Si l'on exprime par une courbe les résultats de ces

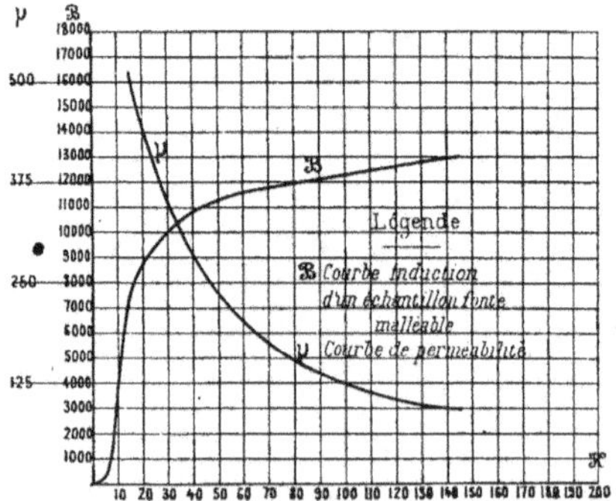

Fig. 41.

mesures, on obtiendra, en portant les $\mathcal{H}$ en abscisses et les $\mathcal{B}$ en ordonnées, la représentation fournie par la figure 41. Cette figure indique les variations de l'induction $\mathcal{B}$ et de la perméabilité μ d'un échantillon de fonte malléable, en fonction de l'intensité du champ inducteur $\mathcal{H}$, *mais en supposant expressément :*

1° Que l'échantillon a été expérimenté à partir de l'*état vierge*,

2° Que le champ $\mathcal{H}$ a toujours varié dans *le même sens*.

Les valeurs remarquables de l'expérience (points ayant fait
l'objet d'une détermination) sont relatées au tableau suivant :

$\mathcal{H}$	$\mathcal{B}$	μ
gauss	gauss	
10	3.200	320
15	7.600	510
22	9.000	410
28	9.900	350
35	10.500	300
50	11.200	225
62	11.500	185
130	12.800	98

Si, après avoir atteint, par valeurs *croissantes*, une certaine valeur
de $\mathcal{H}$, on donne à $\mathcal{H}$ des valeurs *décroissantes* sans *interruption*, on ne reproduira pas en rétrogadant la courbe précédemment obtenue ; autrement dit, le phénomène n'est pas *réversible*. Si, après avoir obtenu, avec un échantillon vierge, la courbe issue de O (fig. 42), on rétrograde, on obtiendra la courbe passant au-dessus. Ainsi, on voit que cet échantillon, *vierge au début de tout magnétisme*, restera cependant magnétique lorsque $\mathcal{H}$ sera devenu nul ; cet échantillon est transformé en ce qu'on est convenu d'appeler un aimant, il aura emmagasiné, au cours du phénomène irréversible que nous

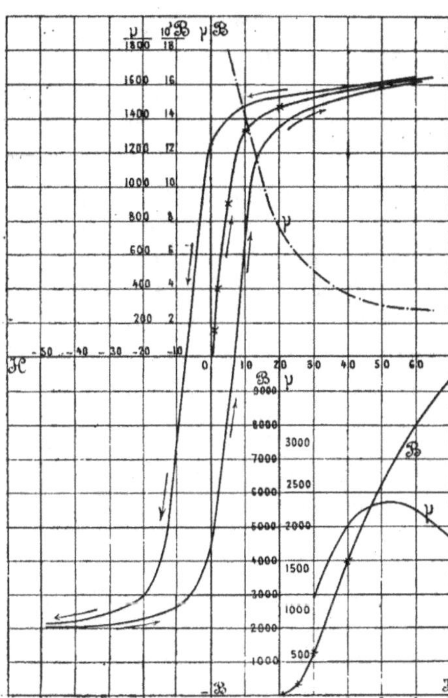

Fig. 42.

venons de décrire, une quantité d'énergie qui lui permettra d'influer magnétiquement, par un champ, sur les matériaux susceptibles d'être influencés par les phénomènes magnétiques.

Magnétisme rémanent. — La valeur de $\mathcal{B}$ représentée par l'ordonnée à l'origine de la courbe descendante correspond au magnétisme rémanent (fig. 42), la densité magnétique condensée aux extrémités du cylindre de grande dimension sur lequel nous avons effectué notre expérience est donc $\mathcal{I} = \dfrac{\mathcal{B}}{4\pi}$ (car $\mathcal{B} = \mathcal{H} + 4\pi\mathcal{I}$ et, dans ce cas, $\mathcal{H} = 0$). Cette valeur *particulière* de $\mathcal{I}$ est, de ce fait, très importante, ainsi que l'indique la courbe (fig. 42); toutefois, le magnétisme rémanent a une stabilité variable suivant la nature des échantillons sur lesquels on effectue l'expérimentation.

Lorsque les courbes figuratives de la fonction $\mathcal{B}$ tendent à affecter une direction asymptotique parallèle à l'axe des abscisses, on dit que l'échantillon est saturé. Il est mathématiquement facile de se convaincre qu'alors $\dfrac{\mathcal{B}}{\mathcal{H}} = \mu$ tend vers 1 et qu'on ne retire plus aucun avantage à augmenter la force magnétisante.

Champ coercitif. — **Force coercitive.** — Supposons que, après avoir ramené à la valeur de $\mathcal{H} = 0$ l'intensité du champ inducteur auquel notre barreau est soumis, nous fassions croître ce champ en sens contraire, nous constaterons que, très rapidement (fig. 42), l'aimantation est ramenée à 0; mais il faudra bien remarquer que le *corps n'en est point, pour cela, reveuu à l'état neutre*, puisque ce corps ne sera magnétiquement neutre, quant à ses effets au point de vue extérieur, qu'à la condition *expresse* qu'on lui applique l'action d'un champ inducteur représenté par l'abscisse à l'origine de la courbe descendante. Cette longueur, valeur du champ inverse nécessaire pour faire *extérieurement* disparaître les effets du champ rémanent, mesure la valeur de la *force* dite *coercitive* et ce champ lui-même est appelé *champ coercitif*.

Généralisons maintenant le problème; supposons qu'au lieu de faire varier la force magnétisante depuis 0 jusqu'à $\mathcal{H}$ pour le faire rétrograder ensuite de $\mathcal{H}$ à 0, nous fassions osciller cette valeur de la force magnétisante entre deux valeurs $+\mathcal{H}$ et $-\mathcal{H}$ égales, mais de signes contraires, nous obtiendrons la représentation de la figure 42.

La branche intérieure sera celle relative à l'opération initiale, lorsqu'on fait agir un champ inducteur croissant de 0 à $\mathcal{H}$ sur un barreau vierge au début de magnétisme ; la branche supérieure sera celle qui correspond à la variation de la force magnétisante depuis $+\ \mathcal{H}$ à $-\ \mathcal{H}$; la branche inférieure sera celle qui correspond à la variation de la force magnétisante depuis $-\ \mathcal{H}$ à $+\ \mathcal{H}$. On se rendra compte que, si l'on fait osciller sans cesse la force magnétisante depuis $+\ \mathcal{H}$ à $-\ \mathcal{H}$, ensuite de $-\ \mathcal{H}$ à $+\ \mathcal{H}$, le point figuratif décrira indéfiniment le même cycle de la figure 42.

La courbe de la figure 42 a été obtenue, il y a plus de quinze à vingt ans par Bosanquet, l'échantillon était en fer crown ; nous avons donné, comme annexe à cette figure, la courbe des variations de $\mathcal{B}$ et de $\mathcal{H}$ pour des très faibles champs de magnétisation, au début même de l'opération, alors que l'échantillon est encore presque vierge. On voit nettement que μ passe par un maximum.

D'après ce qui a été dit plus haut, et, d'après l'aspect même de la boucle fermée on voit que, pour ramener un barreau à l'état neutre, il est nécessaire de le soumettre à des forces magnétisantes *périodiques* d'intensité *maxima décroissante*. Les boucles fermées se rapprochent alors de plus en plus de l'origine. On comprend maintenant pourquoi on recommande, pour désaimanter une montre, de la soumettre à l'action d'un fort aimant dont on l'écartera sans cesse, tout en la faisant tourner vivement aux fins d'intervertir le sens de la force magnétisante. En pratique, on suspend la montre à l'extrémité d'une cordelette qu'on tord avec soin, puis l'on s'approche d'un aimant, dont on éloigne ensuite montre et cordelette, après avoir laissé à cette dernière toute liberté pour se détordre.

Le procédé le plus sûr pour rendre à un barreau sa virginité magnétique est de le porter à une température élevée convenable, comme on le verra plus loin ; seulement, si l'on n'observe pas avec soin le mode de refroidissement qui avait été adopté lors de sa fabrication, on risque d'obtenir un barreau magnétiquement vierge, mais un peu différent au point de vue des propriétés magnétiques.

Il ne faut pas confondre état neutre et aimantation nulle. — Supposons qu'un barreau, primitivement à l'état neutre, soit d'abord soumis à des forces magnétisantes progressivement croissantes, le point figuratif décrira (fig. 43) la branche OA ; supposons qu'ensuite on diminue d'une façon continue, *même au delà de zéro*, la force magnétisante, le point figuratif décrira la branche ACB; si, maintenant, on ramène d'abord la force magnétisante à la valeur nulle, le point figuratif décrira, dans le sens de la flèche, la courbe BD; mais nous reprenons-nous alors immédiatement après à faire décroître $\mathcal{H}$, le point figuratif tendra à venir se raccorder assez sensiblement sur la courbe ACBA' en suivant le chemin DB'. Si nous avons habilement choisi la valeur négative de $\mathcal{H}$, à partir de laquelle cette variable repassera par la valeur nulle, de façon que la branche de rétrogradation GO passe par l'origine O, on pourra penser que la valeur de $\mathcal{H}$ étant nulle en même temps que $\mathcal{B}$, le barreau a retrouvé l'état neutre du début; il *n'en*

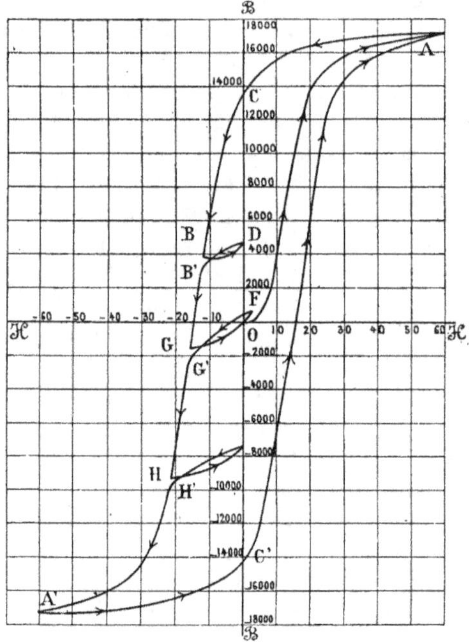

Fig. 43.

est rien, car la courbe GO aborde l'origine non tangentiellement à la branche OA, de sorte que si $\mathcal{B}$ et $\mathcal{H}$ sont nuls, l'échantillon n'a pas repris pour cela son état d'origine. D'ailleurs, en donnant ensuite à $\mathcal{H}$ une valeur positive très petite, nous constaterons que le point figuratif ne se déplace pas sur la branche primitive OA, mais qu'il suit un chemin prolongement naturel de la branche GO.

La construction des courbes de magnétisme permet de se convaincre de la réalité des opinions émises, en des pages précédentes, sur la nature de la fonction $\mathcal{B}$; l'induction magnétique ne dépend pas seulement de la force magnétisante actuelle $\mathcal{H}$, elle dépend encore de toute l'*histoire magnétique* subie par l'échantillon.

Ce phénomène, qu'on aurait pu désigner sous le nom de

« mémoire magnétique », a reçu du physicien Ewing le nom d'*hystérésis*, ce mot est tiré du mot grec υστερειν, qui signifie retarder.

Le phénomène a été mis, la première fois, en évidence en 1880
par Warburg, professeur à l'Université de Berlin, mais ce fut le
savant anglais Ewing qui en fit une étude très complète à partir de
1882. Il ne faut pas confondre le phénomène d'hystérésis avec le
phénomène du traînage électrique dont nous dirons quelques mots
plus loin ; l'hystérésis ne désigne pas un *retard de temps* de l'effet
vis-à-vis de la cause, comme pour le traînage électrique, mais une
opposition nette, de la part de l'effet, à suivre suffisamment rapidement, et *exactement*, la route de variation que la cause lui indique.

**Retard d'aimantation. — Hystérésis. — Travail d'aimanta-
tion par cycle et par centimètre cube. — Formule de Steinmetz. —**
Nous avons vu, page 87, que le travail demandé, pour l'aimantation
seule, était donné par la formule :

$$\Delta U' = \frac{1}{4\pi} \int \mathcal{H}.d\mathcal{B}.dv - \frac{1}{4\pi} \int \mathcal{H}.d\mathcal{H}.dv,$$

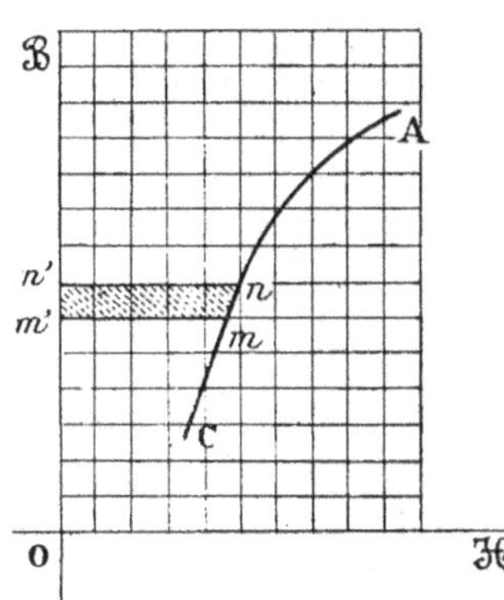

Fig. 44 (A).

C'est-à-dire que le travail demandé par *centimètre cube* sera
donné par la formule :

$$\Delta U'_1 = \frac{1}{4\pi} \int \mathcal{H}.d\mathcal{B} - \frac{1}{4\pi} \int \mathcal{H}d\mathcal{H}.$$

Les intégrales de cette formule
sont maintenant des intégrales sim-
ples ; si la courbe C*mn*A, figurative
de la fonction $\mathcal{B}$, dont la variable est
$\mathcal{H}$, est celle de la figure 44 (A), on voit
qu'entre les deux états de magné-
tisme dont *m* et *n* sont les points
figuratifs, on a :

$$\frac{1}{4\pi} \text{ aire } (mnn'm') = \frac{1}{4\pi} \int \mathcal{H}d\mathcal{B} ;$$

d'ailleurs, dans un *cycle complet* représenté par la figure 44 (B),
l'expression :

$$\int \mathcal{H}.d\mathcal{H} = 0,$$

de sorte qu'en appelant W_h l'énergie absorbée par l'aimantation par chaque cycle complet et par centimètre cube, on a :

$$W_h = \frac{1}{4\pi} \int \mathcal{H}.d\mathcal{B} = \frac{1}{4\pi} \Sigma \text{ (aire } mn\,n'm'),$$

or, cette dernière expression sous le signe Σ est précisément égale à l'aire de la boucle couverte de hachures sur la figure 44[B], on est donc en possession d'une méthode sûre pour calculer, *en ergs*, le tra-

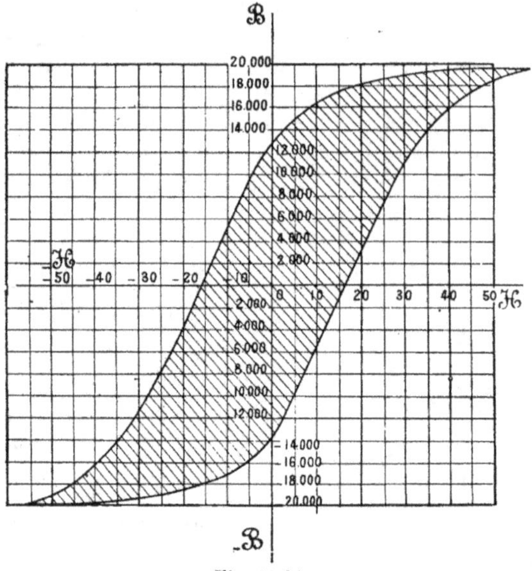

Fig. 44 (B).

vail d'aimantation par cycle complet et par centimètre cube de matière.

Dans l'industrie, il était utile de connaître une formule simple qui permît de connaître la valeur de l'énergie dissipée par cycle complet et par centimètre cube de matière soumis à l'aimantation. Steinmetz, ingénieur américain, a donné une formule empirique s'adaptant bien aux besoins industriels ; cette formule, appelée du nom de son auteur, formule de *Steinmetz*, s'exprime ainsi :

$$W_h = \eta\,\mathcal{B}^{1,6} \text{ ergs,}$$

dans laquelle η représente un coefficient qui ne dépend que de l'échantillon considéré, $\mathcal{B}$ est la valeur de l'induction maxima dans le cycle. Ce coefficient varie aussi quelque peu avec la valeur maxima de l'induction. Ce coefficient est fourni directement par les appareils industriels, appelés hystérésimètres, qu'on trouvera décrits dans les fascicules relatifs aux mesures ; ce facteur varie dans de grandes limites avec la nature de la matière magnétique, ses divers ordres de grandeur sont fournis par le tableau suivant :

NATURE DU MÉTAL	COMPOSITION ET ÉTAT	VALEURS DES CONSTANTES MAGNÉTIQUES		
		champ magnétisant $\mathcal{H}$ (en gauss)	induction $\mathcal{B}$ (en gauss)	coefficient de Steinmetz η
Fer doux.	Recuit..................	»	»	0,002
Acier.	Marque Martin	2,53	5.085	0,00161
		103,5	16.050	0,00186
		2	4.840	0,00175
Acier.	Marque Martin...........	5,3	9.600	0,00177
		58,5	16.300	0,00204
		1	3.400	0,00095
Acier.	Au silicium (1907)........	3,7	10.200	0,0010
		82,5	16.500	0,0015
Acier au Mn.	4,73 % de Mn; forgé........	—	—	0,05963
Acier au tungstène.	3,35 % de tungstène; trempé.	—	—	0,05778
Fonte grise.	3,45 % de carbone........	—	—	0,01826

Mme S. Curie et M. Guillaume ont fait sur le magnétisme d'intéressantes recherches qu'on pourra lire dans les mémoires de la Société d'encouragement de l'Industrie nationale (1901).

Application. — Supposons que nous ayons un centimètre cube d'acier, $\eta = 0,0012$, soumis à un champ alternatif tel que l'induction maxima soit $\overline{\mathcal{B}} = 10.500$ gauss.

L'énergie absorbée à chaque cycle, par centimètre cube, sera :

$$W_h = 0,0012 \times \overline{10.500}^{1,6} \text{ ergs,}$$

soit :

$$W_h = 3.260 \text{ ergs ;}$$

si la période d'alternativité du champ (nombre de cycles par seconde) est 50 ; la perte d'énergie, par seconde, de la puissance gaspillée par centimètre cube de matière sera de :

$$W_h \times 50 = 163.000 \text{ ergs-seconde,}$$
$$= 0,0163 \text{ watts par centimètre cube.}$$

Supposons que ce centimètre cube d'acier soit dans une enceinte adiabatique, c'est-à-dire dans une enceinte sans rayonnement, si nous prenons pour capacité calorifique du fer le nombre 0,85, nous pouvons voir que l'élévation de température, après une heure de fonctionnement, sera :

$$\frac{0,0163 \times 3.600}{0,85 \times 4,17} = 15° \text{ C en chiffres ronds.}$$

On voit ainsi l'*importance considérable* qu'on doit attacher au choix des matériaux magnétiques.

Magnétisme relatif des fer, nickel, cobalt. — La figure 45 donne, à la même échelle, les constantes magnétiques des trois corps

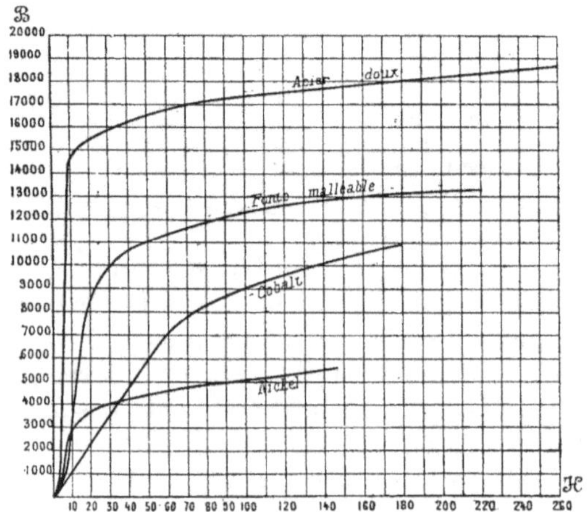

Fig. 45.

naturellement ferromagnétiques. On voit que le nickel et le cobalt présentent des courbes possédant les mêmes caractéristiques que le fer, on y voit nettement les deux coudes et les trois parties bien tranchées que nous avons analysées sur les échantillons de fer et d'acier.

Formule de Frolich. — On a tenté de représenter l'allure des courbes de magnétisme par des formules empiriques. Frölich suppose que la susceptibilité magnétique est proportionnelle à la différence existant entre l'intensité d'aimantation maxima et l'intensité d'aimantation actuelle, c'est-à-dire qu'on a :

$$\varkappa = \frac{\mathfrak{I}}{\mathfrak{H}} = \alpha\,(\mathfrak{I}_m - \mathfrak{I}),$$

ou encore :

$$\mathfrak{I} = \frac{\alpha.\mathfrak{I}_m.\mathfrak{H}}{1 + \alpha.\mathfrak{H}} = \frac{a.\mathfrak{H}}{1 + \alpha.\mathfrak{H}},$$

a et α étant des constantes caractéristiques de l'échantillon, on déduit :

$$\frac{1}{4\pi}\,(\mathfrak{B} - \mathfrak{H}) = \frac{a.\mathfrak{H}}{1 + \alpha.\mathfrak{H}}\,;$$

la courbe ainsi obtenue est une hyperbole dont une des asymptotes, *la seule intéressante*, est parallèle à la droite $\mathfrak{B} = \mathfrak{H}$; nous donnons ci-dessous la formule de Frölich relative à un échantillon d'acier coulé expérimenté par l'auteur :

$$\frac{1}{4\pi}\,(\mathfrak{B} - \mathfrak{H}) = \frac{37,2.\mathfrak{H}}{1 + 0,0194.\mathfrak{H}},$$

MM. Kapp, Muller, von Waltenhofen ont utilisé une formule de la forme

$$\mathfrak{I} = a \times \mathrm{arc.tg}\,b.\mathfrak{H},$$

cette formule est moins commode que la précédente. Au surplus, en pratique, il est plus simple de déterminer quelques points de la courbe d'induction à l'aide des appareils courants que l'industrie a maintenant à sa disposition, il suffira ensuite de joindre les points, ce qui se fera facilement, puisque l'allure des courbes est connue; on se servira de la courbe ainsi obtenue comme abaque pour les prédéterminations que l'ingénieur peut avoir à effectuer.

Traînage et viscosité magnétique. — Ewing a signalé le premier que, dans les champs faibles, le fer doux ne prend pas *immé-*

diatement l'aimantation qui correspond à la force magnétisante auquel on le soumet. Des expériences successives furent ensuite effectuées par Klemencic, Fromme et Wilson, et tous ces expérimentateurs ont conclu de leurs essais que, pour les champs faibles, la variation de l'induction correspondant à une variation de la force magnétisante ne se produisait pas *instantanément*. Ces retards ne peuvent être relevés que par les mesures magnétiques effectuées à l'aide de la méthode balistique dont nous parlerons à un fascicule prochain.

Il y a là un phénomène analogue à celui que présente la viscosité des liquides. M. Maurain attribue le phénomène de viscosité au mouvement, de proche en proche, des aimants particulaires à un moment où leur position d'ensemble manque de stabilité ; cette condition est évidemment remplie au moment où le renversement de l'aimantation va avoir lieu. Cette hypothèse ne sert d'ailleurs qu'à fournir un moyen mnémotechnique pour se rappeler les formes affectées par le phénomène, mais elle n'apporte pas à l'explication de ce phénomène un aperçu bien utile, elle n'ajoute rien de nouveau aux relevés expérimentaux eux-mêmes.

Plus récemment M. Jouaust, ingénieur attaché au Laboratoire central d'électricité de Paris, a effectué une série d'expériences extrêmement intéressantes (1) sur le traînage électrique. En somme, le phénomène d'hystérésis nous montre que l'effet magnétique ne semble consentir à obéir à la cause magnétique (la force magnétisante) qu'en suivant non le même chemin, mais un chemin voisin. Le traînage magnétique exprime l'idée que l'effet magnétique n'obéit qu'avec un retard à la cause magnétique, en affectant toutefois de suivre le même chemin qu'elle, mais en suivant cette route en traînard. Le traînage magnétique est une hystérésis de temps et non une hystérésis de propriétés magnétiques.

Effet de la température sur l'aimantation des corps magnétiques. — Si l'on trace (fig. 46) les courbes d'aimantation *isothermes* pour le fer, on constate qu'à toute température l'allure des courbes reste la même ; mais si $T < T'$, on voit que l'isotherme relative à la température T est au-dessous de l'isotherme relative à T' pour des

---

(1) *Bulletin de la Société Internationale des Electriciens*, 2ᵐᵉ série, tome IV, n° 40, Gauthier-Villars, éditeur.

champs faibles ; l'inverse a lieu pour les champs intenses. Il existe, pour chaque échantillon magnétique, une *température critique* à partir de laquelle le corps cesse d'être réellement magnétique. Pour le fer très pur, la température critique a lieu vers 750°C, l'échantillon perd très brusquement ses propriétés magnétiques, le phénomène

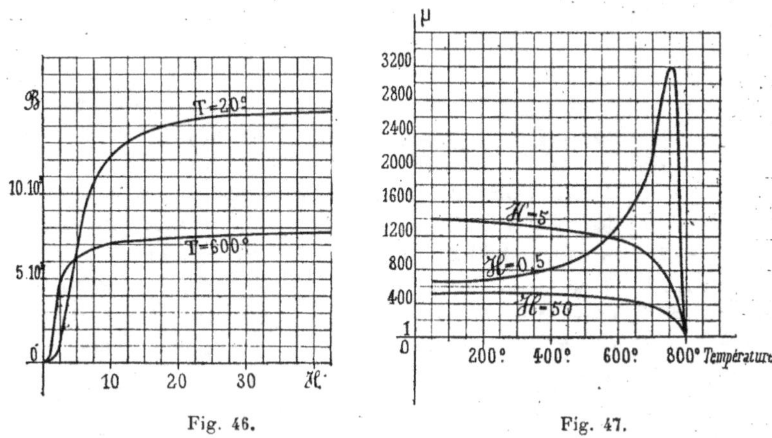

Fig. 46.   Fig. 47.

se produit dans un intervalle de température inférieur à 60°C, il commence donc à se produire vers 690°C.

Si l'on représente les courbes de perméabilité pour une même valeur de ℋ en fonction de la température de l'expérience, on obtient les courbes que nous reproduisons à la figure 47 ; on voit qu'à la température critique, μ diffère très peu de l'unité, autrement dit, à la température critique, *l'échantillon se comporte sensiblement comme l'air*.

La température critique oscille pour les échantillons de fer et d'aciers entre 600° et 900°. On a étudié l'aimantation du fer pur au-dessus de sa température critique de 750°C. L'aimantation continue encore à décroître jusqu'à vers 860°, à cette température, la courbe change d'allure, puis, brusquement, vers 1.280°, l'aimantation croît pour se remettre à décroître quand la température s'élève. Il existe donc pour le fer quatre températures de transformation : 690°, 750°, 860° et 1.280°.

Les composés du fer ne sont pas les seuls à posséder cette propriété absolument caractéristique de présenter une température cri-

tique, à partir de laquelle ses composés perdent leurs qualités magnétiques exceptionnelles pour rentrer dans la classe des corps ordinaires. Les composés du nickel et du cobalt offrent le même phénomène, la température critique est de 340° pour le nickel; tandis
que, pour le cobalt, cette température critique est plus élevée encore
que pour le fer.

Étude des matériaux d'électro-aimantation. — C'est grâce aux
travaux métallographiques de MM. Moissan, Goldschmidt, Osmond,
Charpy, Le Chatelier, Carnot, etc. qu'on doit de posséder maintenant
un peu de clarté relativement aux prédéterminations de composition
chimique des matériaux répondant à des conditions électriques et
magnétiques données (1). Il y a quinze ans, nos connaissances vrai-
ment trop empiriques sur les fers, aciers et fontes étaient absolument
impuissantes pour guider sûrement le constructeur électricien dans
son choix; l'industrie électrique a subi naturellement l'heureuse
influence de la profonde révolution opéré dans les méthodes de la
métallurgie en cette dernière période. Dans cette branche, on a
en effet, aux vieux errements, substitué des *procédés scientifiques*
parmi lesquels la *micographie* mérite d'être citée en première place.

Le problème à résoudre était toutefois assez délicat, étant données les relations complexes entre les propriétés utiles, mécaniques
et magnétiques, des fers, aciers et fontes.

Autrefois, on classait les composés du fer empiriquement en
ne retenant que la teneur en fer et en carbone. On disait qu'on
avait du fer pratiquement pur jusqu'à un demi-millième de carbone, les aciers étaient formés de fer avec une proportion de carbone comprise entre 1/2 0/00 et 2 0/0; enfin, si le composé du
fer contenait du carbone dans une proportion comprise entre
2 0/0 à 6,6 0/0, on donnait à ce composé le nom de fonte.

C'était là un classement bien rudimentaire qui ne tenait
aucun compte des divers états allotropiques et des divers aspects
que les composés fer-carbone peuvent présenter. Un exemple fera
saisir mieux encore la portée de cette dernière critique. Dans la

---

(1) Voir à ce sujet les bulletins de la Société d'encouragement pour l'industrie nationale depuis 1893; c'est sous les auspices de cette Société que la plupart des travaux de
métallographie ont été entrepris. Voir particulièrement les mémoires de cette Société
publiés en 1901.

fonte blanche, fonte d'affinage, le carbone peut exister à l'état d'une réelle combinaison chimique ; on est en présence d'un véritable carbure Fe^3C à 6,6 0/0 de C, la *cémentite*, constituant inattaquable par les acides ; dans la fonte de moulage, au contraire (*fonte grise*), ce carbure existe à l'état de graphite dissous dans le fer. La cassure révèle très mal ces différences, mais l'étude microscopique, à l'aide du microscope spécial *dû* à M. Le Chatelier, permettra de discerner ces deux états distincts avec la dernière précision ; l'étendue limitée de ce fascicule ne nous permettra pas de nous étendre longuement sur les recherches faites par la néométallurgie à l'aide du microscope Le Chatelier.

Une autre cause de variation des phénomènes magnétiques réside dans les traitements calorifiques auxquels les matières sont soumises : trempe ou recuit ; également les traitements mécaniques auront une influence. C'est ainsi que l'écrouissage modifie les propriétés magnétiques des matériaux industriels.

Enfin la présence de traces de métaux étrangers peut apporter aux propriétés magnétiques des modifications désirables ou inopportunes ; ainsi le soufre et le phosphore nuisent aux qualités magnétiques du fer auquel ils sont unis à l'état de parcelle ; par contre, le silicium est excellent en ce sens qu'il augmente la perméabilité et diminue le coefficient η de la formule d'hystérésis. Parmi les métaux, l'aluminium a le même rôle que le silicium, tandis qu'on emploie le chrome, le manganèse, le tungstème et le vanadium pour accroître la force coercitive des aimants permanents.

Les températures critiques, que nous avons signalées au paragraphe précédent, correspondent aux températures pour lesquelles la structure interne du corps subit une modification profonde, autrement dit, les *températures critiques* correspondent au *changement d'état allotropique* du corps magnétique. Pour le fer pur, c'est-à-dire contenant moins de $\frac{1}{2.000}$ de carbure, ces points critiques sont :

1° A 860° C, nous désignerons ce point par A_3 ;

2° A 750° C, nous désignerons ce point par A_2 ;

3° A 600° C, nous désignerons ce point par A_1.

Le point A_1 se manifeste d'une façon extrêmement nette, lorsqu'on laisse la masse se refroidir ; elle passe, en effet, pour la température A_1, de la couleur rouge sombre à celle de rouge cerise, ce point A_1 est désigné sous le nom de *recalescence*, le dégagement de chaleur correspond à une combinaison chimique à l'intérieur de la masse, c'est à cette température, en effet, que la *cémentite* $Fe^3 C$ se forme.

En résumé, les modifications allotropiques et les changements de propriétés qui correspondent aux points critiques sont les suivants:

Aux températures supérieures à A_3, le fer se trouve à l'état dit γ; *il n'est pas magnétique*, il est cristallisable en octaèdres, il dissout le carbone. Dans l'intervalle de température compris entre A_3 et A_2, le fer γ devient le fer dit β, non encore magnétique, cristallisé en cube, incapable de dissoudre le carbone. Dans l'intervalle de température compris entre A_2 et A_1, le fer β commence à se transformer en fer dit α, il devient magnétique, il cristallise en cube, mais il ne dissout pas le carbone ; au point A_1, il y a formation brusque de *cémentite*. Enfin, le fer ne durcit pas par la trempe ou le refroidissement brusque.

Les études de métallographie ont permis de reconnaître avec assurance que, lorsqu'un acier, composé de fer et de carbone dans les limites de proportion que nous avons indiquées plus haut, est chauffé vers 900° pour être ensuite refroidi lentement, il est constitué de grains de fer pur (ferrite) engagés dans une sorte de ciment (perlite) composé par des lamelles de cémentite ($Fe^3 C$) mélangées avec de la ferrite. Plus le métal est carburé, plus grande est la proportion de perlite ; avec de l'acier très doux, on ne trouve que des traces de perlite, alors que cette matière constitue déjà, presque à elle seule, le métal à 9 0/00 de carbone.

Un exemple frappant des inéquilibres de constitution interne est donné par les alliages de fer et de nickel. L'alliage à 25 0/0 de nickel porté à 580° cesse d'être magnétique même lorsqu'on le laisse refroidir ; mais, si on le refroidit jusqu'à — 20° C, il redevient magnétique et reste magnétique pour toutes les températures inférieures à 580° C. Ce même métal peut donc exister sous *deux états complètement différents aux températures comprises entre* + 580° *et* — 20°, il peut présenter les propriétés magnétiques ou y être réfractaire, et ce, d'une façon absolument stable. C'est un exemple d'une nouvelle hystérésis, l'hystérésis de température.

Corps diamagnétiques et corps peu magnétiques. — Les coefficients d'aimantation de ces corps ont généralement une valeur constante, de plus, le phénomène d'hystérésis est inexistant pour ces corps. Parmi tous les corps diamagnétiques, le bismuth se fait remarquer par la valeur élevée de son coefficient d'aimantation ; à la température de 20°, ce coefficient est égal à $-13,25 \times 10^{-6}$. Il diminue linéairement avec la température jusqu'au point de fusion 273°, il subit alors une chute brusque et prend une valeur 25 fois plus faible qui, après cette étape, ne varie plus avec la température de façon sensible.

L'eau est diamagnétique, son coefficient semble indépendant de la température ; il a pour valeur : $-0,79 \times 10^{-6}$.

Faraday pensait que toutes les substances devenaient magnétiques à une température suffisamment basse. M. Dewar a démontré que l'oxygène liquide était fortement magnétique, mais il faut ajouter que l'oxygène gazeux l'est également. Le coefficient de l'oxygène gazeux rapporté à l'unité de masse est indépendant de la pression du gaz et de l'intensité du champ ; il varie en raison inverse de la température absolue, sa valeur est $\dfrac{33.700}{T} \times 10^{-6}$. Les autres corps magnétiques semblent obéir à la même loi pour les températures situées au delà de leur point de transformation.

Vieillissement des tôles. — Les noyaux de transformateurs, les induits de dynamo soumis à des échauffements périodiques peuvent arriver à être mis hors de service par perte trop marquée de perméabilité. Ce phénomène a été désigné sous le nom de *vieillissement des tôles.*

Le phénomène a été élucidé grâce aux travaux de métallographie. Un échauffement limité entre les températures de 100 à 200° (et surtout voisin de 140° C) a pour résultat, au bout d'une centaine d'heures, de diminuer la grosseur des grains de ferrite des tôles ; la conséquence désastreuse, au point de vue industriel, de cette diminution est d'augmenter, voire même de doubler, le coefficient de Steinmetz. Le remède indiqué est de porter les tôles à 900°, puis de les laisser très lentement refroidir, cette opération permet la reconstitution des grosses cellules de ferrite. Le mieux est de prévoir des appareils non susceptibles de chauffer dangereusement.

Magnétisme de corps composés par des substances non magnétiques. — Le problème consistant à former des alliages, ou des composés magnétiques à l'aide de corps non magnétiques, a été résolu, il y a près de cinquante ans, par Wöhler et Geuther qui parvinrent, pour la première fois, à préparer un oxyde de chrome magnétique. En 1904, F. Heusler a fait connaître les propriétés magnétiques de ses bronzes au manganèse, c'est-à-dire d'alliages de manganèse et de cuivre avec un troisième métal qui, le plus souvent, est du zinc ou de l'aluminium. Certains de ces aimants artificiels ont une susceptibilité magnétique comparable à celle de la fonte.

Heusler a vérifié que le borure MnB formé d'un atome de bore et un atome de manganèse est magnétique, alors que MnB^2 *pur* n'est pas magnétique. Les combinaisons du manganèse avec le phosphore et l'antimoine sont magnétiques; l'antimoniure $MnSb$ est même fortement magnétique. M. Vedekind a préparé une blende manganique (sulfure de manganèse) artificielle dont le magnétisme est identique à celui des minéraux naturels. Le *bismuth* additionné seulement de 0,25 0/0 de manganèse est *attiré par un aimant*.

Le ferromagnétisme semble donc n'être pas seulement une propriété atomique, mais bien aussi une propriété moléculaire dont l'ordre de grandeur dépendrait de la nature des composants. On est arrivé, si l'on en croit les expérimentateurs, à constituer des composés ou des alliages susceptibles de présenter des valeurs considérables de μ pour des forces magnétisantes très ordinaires; malheureusement jusqu'ici de tels produits n'ont pas encore réalisé les conditions requises pour les matériaux employés dans l'industrie électrique : faible valeur de la constante de Steinmetz, faible résistivité, grande résistance mécanique.

Les électro-aimants. — **Leur construction.** — On a pu dire avec beaucoup de justesse que l'industrie électrique ne vivait que par le solénoïde et par l'électro-aimant. Sans électro-aimant, on devrait se priver de télégraphie pratique, de téléphonie, de machines électriques génératrices à courant continu ou à courant alternatif, des moteurs électriques de tous genres, de lampes à arcs, d'appareils de mesure du type galvanomètre; sans solénoïde les appareils de mesure électrodynamiques n'existeraient pas, etc., etc. En somme, au titre *Électro-aimants et leur construction* correspond tout le champ immense d'activité humaine accaparée par l'industrie électrique, tous les fascicules d'application de cette *Encyclopédie* décrivent, chacun pour ce qui le concerne, le rôle de l'électro-aimant et du solénoïde ; dans ce paragraphe, nous devrons donc limiter notre effort à décrire le type d'électro-aimant pour les recherches de laboratoire et à faire comprendre ce que les travaux, à l'aide de cet organe, peuvent produire de découvertes *capitales* relativement à nos *connaissances sur la matière elle-même.*

Pour ces recherches, tout l'effort des physiciens doit tendre à la réalisation d'un champ magnétique intense. Si l'on utilise le champ compris dans l'intervalle d'air déterminé dans une tore par une coupure perpendiculaire aux lignes d'induction, on ne peut pratiquement guère dépasser un champ de 20.000 gauss. Pour aug-

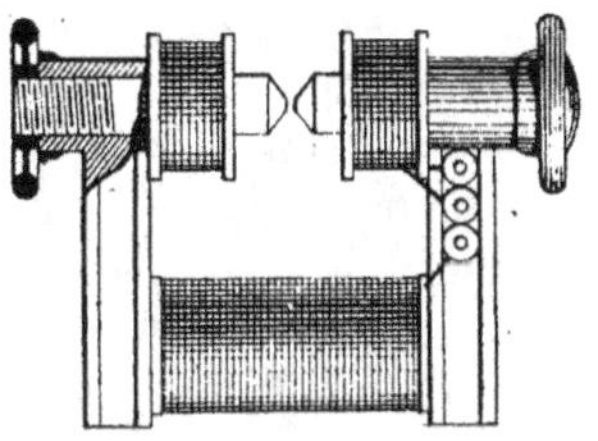

Fig. 48.

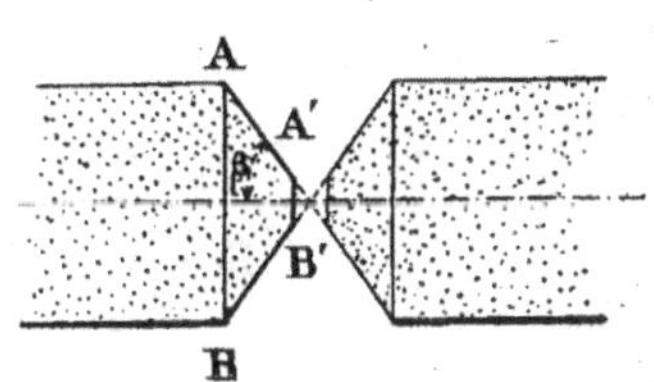

Fig. 49.

menter ce champ, on le concentre au moyen de pièces polaires convenablement taillées ; l'électro-aimant de Ruhmkorff, représenté par la figure 48, a la forme que les calculs de M. Weiss lui ont assignée. Le circuit magnétique présente l'aspect d'un rectangle dont trois côtés seraient formés par une seule pièce en fer forgé, le quatrième côté du rectangle est constitué par deux noyaux cylindriques de même axe pouvant à volonté être rapprochés l'un de l'autre ; ces deux noyaux sont, en effet, filetés à leurs extrémités comme l'indique la figure, ils peuvent être mus dans les deux sens au moyen de deux petits volants en bronze. L'enroulement est effectué sur les noyaux mobiles ainsi que sur le noyau fixe qui leur est parallèle.

On comprend qu'ainsi peut être faite avec précision la mesure micrométrique de l'entrefer. Celui-ci (fig. 49) est formé par deux pièces polaires en tronc de cônes, le demi-angle au sommet est $\beta = 73,33$ grades, le rapport des rayons R et r est égal à 7.

L'enroulement total est de 2.800 tours, le diamètre du fil 2 millimètres, la résistance ohmique 9 ampères, les champs obtenus sont, en appelant d la longueur de l'entrefer :

VALEUR DU COURANT (en ampères)	DISTANCE (en millimètres)	VALEUR DU CHAMP
2,7 ampères	5 millimètres	19.000 gauss
8,9 —	5 —	26.000 —
11,7 —	5 —	26.600 —
14,3 —	5 —	27.300 —
11,4 —	3,5 —	29.500 —
11,4 —	3 —	30.500 —

Cette valeur de 30.500 gauss est le maximum que l'on puisse obtenir avec un noyau de fer et encore ce champ ne règne-t-il que dans un centimètre cube. En renonçant à l'emploi de ce noyau métallique, on pourrait construire un solénoïde suffisant pour avoir un champ d'un million de gauss régnant dans un décimètre cube, ainsi que M. J. Perrin l'a indiqué; toutefois cet électro-aimant coûterait quelques millions de francs, il faudrait prévoir le refroidissement de ses spires à l'aide de l'air liquide.

Il est probable que, si un tel organe se trouvait créé, on pourrait obtenir des résultats extrêmement féconds de physique moléculaire.

Pouvoir rotatoire magnétique. — On place (fig. 50), dans le champ puissant d'un électro-aimant, une substance M réfringente; dans le noyau en fer doux est ménagé un évidement cylindrique suivant l'axe rr'; on dispose en r' un polariseur et en r un analyseur. Supposons, le courant de l'électro-aimant étant nul et la lumière homogène, que l'analyseur soit à l'extinction; si l'on fait passer le courant, la

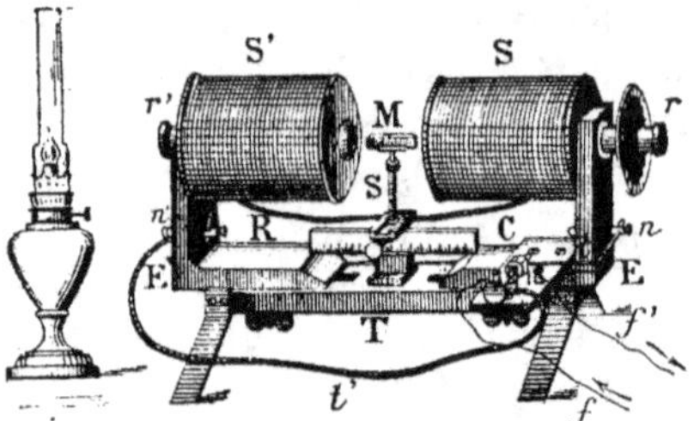

Fig. 50.

lumière reparaît et pour obtenir à nouveau l'extinction, il faut faire tourner d'un angle δ l'analyseur, cet angle est lu directement sur le limbe. Si le courant est renversé, l'angle, dont il faudra faire tourner le limbe à partir de la position d'extinction relative au courant nul, ne sera plus δ, mais — δ. Autrement dit : *Toute substance transparente solide, liquide ou gazeuse, placée dans un champ magnétique possède la propriété de faire tourner le plan de polarisation d'un rayon lumineux qui la traverse.*

L'effet est maximum lorsque la direction du champ est celle du rayon lumineux, tandis l'effet est nul pour des directions rectangulaires du champ et du rayon. Pour une substance déterminée ne possédant pas par elle-même le pouvoir rotatoire, le sens de rotation est indépendant du sens même du rayon; celui-ci peut se propager dans le sens, ou en sens inverse, des lignes de force sans faire varier la valeur de la rotation; on peut donc par des réflexions successives, comme l'indique schématiquement la figure 51, multiplier la rotation par le nombre de réflexions augmenté d'une unité. Pour les corps qui possèdent par eux-mêmes le pouvoir rotatoire, ce qui vient d'être dit est inexact, et, malgré les réflexions multiples, l'angle δ ne varie pas.

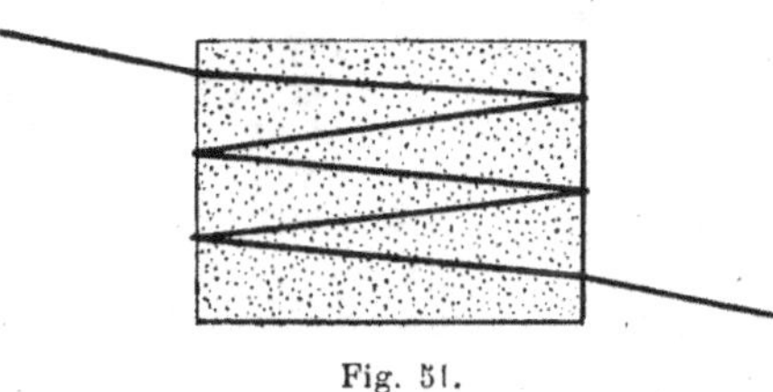

Fig. 51.

Pour les substances diamagnétiques, le sens de δ est celui même de la rotation du courant qui détermine le champ; on dit qu'elle est positive ; pour les corps magnétiques, elle est positive pour les uns, négative pour les autres.

C'est Kundt qui a mis en évidence que le phénomène de polarisation rotatoire magnétique se trouvait nettement vérifié pour le fer, le nickel, le cobalt déposés sur le verre par voie électrolytique et en couches assez minces pour être transparentes.

Loi de Verdet. — Galvanomètre optique. — *L'angle δ de rotation du plan de polarisation entre les deux faces d'une même* *substance transparente est proportionnel à l'excès du potentiel magnétique de l'une des faces sur celui de l'autre.*

C'est le physicien Verdet qui a énoncé cette loi qui s'exprime par la formule :

$$\delta = \rho(V_A - V_B) = \rho \mathcal{H} \varepsilon,$$

ρ est ce qu'on appelle la constante de Verdet, $\mathcal{H}$ est la valeur du champ et ε la distance qui sépare le point d'entrée du rayon dans la face du point de sortie. Cette valeur de ρ varie, avec les diverses raies du spectre, d'une façon sensiblement proportionnelle au carré de la longueur d'onde.

Supposons que, dans un long tube terminé à ses extrémités par des glaces (fig. 52), nous placions du sulfure de carbone, substance très sensible à l'action du magnétisme, si ce long tube traverse une bobine sur laquelle n spires de fils sont enroulées, si, de plus, ce tube est *assez long* pour que le champ déterminé par la bobine à ses extrémités soit négligeable, on

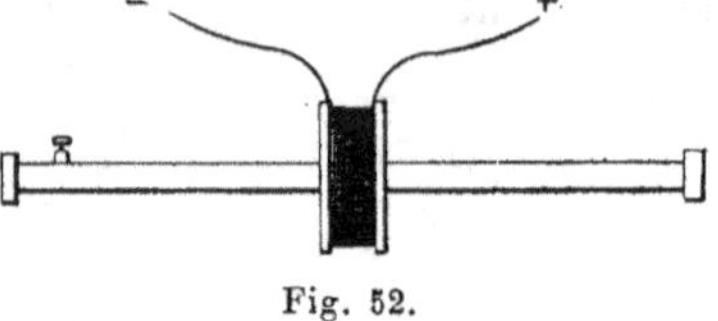

Fig. 52.

pourra dire que le potentiel magnétique a varié d'une extrémité à l'autre du tube de la valeur $4\pi n$I; de sorte qu'on a :

$$\delta = 4\rho\pi n\text{I}.$$

La mesure de δ et la connaissance de ρ et de n permettront de connaître I ; cet appareil joue donc le rôle d'un galvanomètre.

Phénomène de Kerr. — Phénomène de Hall. — On a vu, en électrostatique, que le docteur Kerr, en 1875, découvrit qu'un diélectrique isotrope, solide ou liquide, acquérait la biréfringence des cristaux à un axe lorsqu'on le place dans un champ électrique, l'axe fictif du diélectrique étant parallèle à la direction du champ. Le même auteur a démontré que si l'on fait tomber un rayon de lumière polarisée dans la surface polie d'un morceau de fer doux et qu'on éteigne le rayon ainsi réfléchi à l'aide d'un analyseur, on pourra ensuite faire reparaître la lumière en aimantant le métal.

Un phénomène plus remarquable encore a été découvert par le professeur Hall. Ce phénomène consiste dans la déformation de surfaces de niveau d'un courant permanent sous l'action d'un champ magnétique ; si (fig. 53), une lame métallique très mince est traversée dans le sens de sa longueur par le courant d'une pile P, on pourra toujours, et d'une infinité de façons, déterminer deux points a et b au même potentiel, de sorte que, dans le circuit $a\,G\,b$ comprenant le galvanomètre G, aucune déviation ne puisse être révélée par l'appareil.

Ceci effectué, si la lame métallique est placée dans un champ magnétique *très intense* normal aux lignes de force électrique, on constatera qu'un courant traverse alors le galvanomètre. Si, au lieu d'avoir une pile P constante déterminant un courant constant à

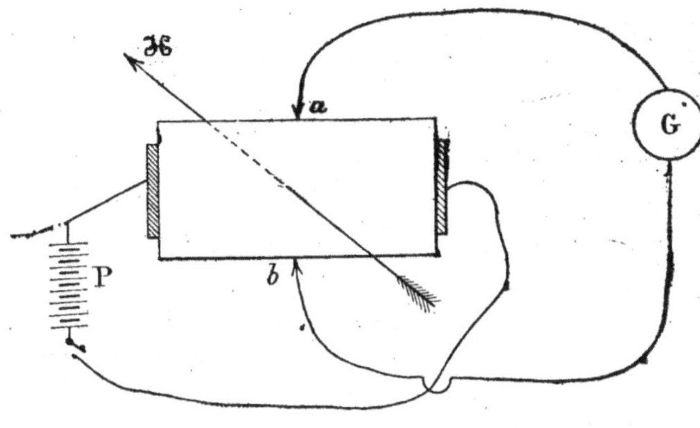

Fig. 53.

travers la lame, on effectuait une décharge instantanée, une partie de celle-ci se révélerait dans le galvanomètre G.

Le sens du courant dans le galvanomètre est dans le sens de l'action du champ sur le courant de la pile P, c'est-à-dire que le courant va de a vers G pour les métaux suivants : fer, cobalt, il est en sens contraire pour le bismuth, l'or et le nickel ; pour certains autres métaux, platine et plomb, par exemple, l'effet paraît nul.

Si I est l'intensité du courant principal, lorsque $\mathcal{H}$ n'existe pas, si ε est l'épaisseur de la lame, ΔV la différence du potentiel entre a et b lorsque le champ $\mathcal{H}$ est appliqué, et C une constante caracté-

ristique du corps, on a, *expérimentalement*, établi la formule suivante :

$$\Delta V = C \frac{I\mathcal{H}}{\varepsilon}.$$

On a pour valeur de C :

Fer	C = 7,85	Bismuth	C = — 8,580
Cobalt	C = 2,40	Or	C = — 0,66
		Nickel	C = — 14

Phénomène de Zeemann. — Le phénomène mis en évidence
par le Hollandais *Zeemann* avait été prévu par son compatriote
Lorentz comme conséquence de la théorie de la lumière que ce dernier avait fondée. Nous n'avons pas à entrer, en ce moment au moins,
dans l'exposé des théories des électrons de *Lorentz* et du physicien
anglais *Larmor*, nous décrirons seulement le phénomène que
Zeemann a découvert en 1896.

*Lorsqu'on place, dans un champ magnétique intense, une
flamme chargée d'une vapeur, ou toute autre source lumineuse quelconque fournissant à l'analyse spectrale des raies fixes, ces raies
se dédoublent en deux ou plusieurs raies très rapprochées, mais
d'autant plus écartées que le champ magnétique est plus intense.*

Dans le phénomène de Zeemann, l'action du champ intense ne
s'exerce plus sur *le rayon lumineux en propagation, mais sur ce
rayon au moment de sa formation.* L'expérience est d'ailleurs déli-
cate, elle exige des champs très intenses et des appareils dispersifs
d'une grande puissance de dispersion.

Si la source est une flamme de sodium, nous pouvons observer,
au moyen d'un appareil dispersif, le rayon correspondant à l'une
des raies D, une première fois dans la direction des lignes de force,
une deuxième fois dans la direction normale à ces lignes ; nous
constaterons alors :

OBSERVATIONS DANS LA DIRECTION DU CHAMP. — La
raie D, simple avant l'établissement du champ, se dédouble en deux
lorsque celui-ci est établi ; ces deux raies nouvelles sont symétriquement placées par rapport à la position de la raie primitive.
Chacune des raies a été polarisée circulairement en sens contraires.
Avec ces champs de 20.000 à 25.000 gauss, la distance des deux

composantes n'excède pas le dixième de l'intervalle des deux raies D du spectre.

OBSERVATIONS DANS UNE DIRECTION NORMALE AU CHAMP. — La ligne D, simple ayant l'établissement du courant, se décompose en trois lorsque celui-ci est établi, une occupe toujours la position primitive de la vraie D et les deux autres sont situées de part et d'autre de celle-là.

Le phénomène de Zeemann mérite l'attention que le physicien lui porte, car son interprétation, de même d'ailleurs que celle des phénomènes de décharges électriques dans les gaz raréfiés et de radioactivité, a fourni aux savants contemporains une toute nouvelle conception de la nature de la matière et une vue pleine de promesses sur la constitution électrique des atomes. Ces études seront exposées d'une manière aussi simple que possible dans le dernier fascicule de cette *Encyclopédie*.

Ce phénomène, d'ailleurs très complexe, a été analysé avec le plus grand soin par M. Cotton dans un des fascicules de la collection *Scientia ;* nous invitons le lecteur, désireux de se familiariser aux études sur le sujet, à se reporter à l'ouvrage sus-indiqué.

CHAPITRE VI

Actions électromagnétiques.

Nous avons déjà donné quelques exemples des actions électro-magnétiques au fascicule 3, page 92, nous allons maintenant nous étendre davantage sur cette question.

Réaction entre deux courants indéfinis parallèles. — Les deux courants parallèles sont représentés (fig. 54) par I et I'; leur distance est d. Au point C de l'un d'eux, le champ CK dû au courant I est normal au plan des deux fils, son intensité est, d'après les expériences de Biot et Savart (fascicule 3, page 106),

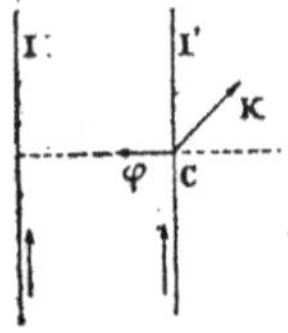

$$\mathcal{H} = \frac{2\,I}{d}.$$

Il en résulte que l'action du courant I, *supposé indéfini*, sur l'élément de longueur ds de courant I' situé au point C sera :

$$\varphi = \frac{2 . I . I'}{d} . ds.$$

Cette action agit dans le plan des deux courants, normalement à leur commune direction. Si ces courants sont de même sens, φ tendra à les rapprocher ; au contraire, si ces courants sont de sens contraire, φ tendra à les éloigner.

Action d'un courant sur un barreau aimanté. — Nous n'examinerons que le cas où le courant I est normal au plan du tableau qu'il traverse en O ; le barreau NS sera supposé dans ce plan du tableau (fig. 55), les forces f et f', appliquées l'une au pôle N, l'autre au pôle S, sont normales, la première à ON, la deuxième à OS ; de

Fig. 54.

plus, d'après l'expérience de Biot et Savart, on a, en supposant le courant indéfini, et (m) et $(-m')$ les masses magnétiques en N et en S :

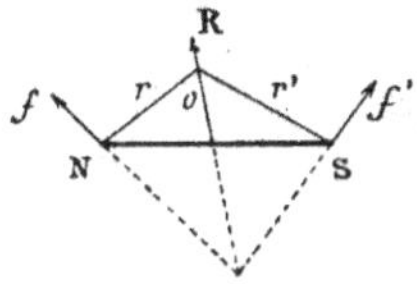

$$\text{(Val. abs. } f) = \frac{2.I.m}{r}, \qquad \text{(Val. abs. } f') = + \frac{2Im}{r'} ;$$

c'est-à-dire qu'en *valeur absolue* :

$$f.r = f'r'.$$

Fig. 55.

La résultante de f et f'' passe donc par O, ce qui était à prévoir. Dans le cas de la figure, l'aiguille tend à se rapprocher du courant; si l'on changeait le courant de sens, l'aiguille tendrait au contraire à s'éloigner du courant.

Action réciproque de deux circuits fermés parcourus par des courants. — Nous avons déjà examiné ce cas, lorsque nous avons donné la théorie succincte de l'électrodynamomètre (fasc. 4, page 27), nous rappelons que, si deux courants I_1 et I_2, *invariables*, ont effectué un déplacement relatif, ou si l'un (ou les deux) s'est déformé, le coefficient M a varié de dM, l'énergie relative des deux circuits a donc varié de :

$$d\mathrm{W} = I_1.I_2.d\mathrm{M},$$

autrement dit, *chaque* courant a fourni une variation d'énergie dW, mais cette variation totale de $2d$W s'est partagée également ; une a été utilisée par le champ résultant des deux courants et l'autre a servi au travail nécessaire pour modifier les dispositifs des parties en présence.

D'une façon générale, si les circuits sont laissés libres de se mouvoir, *ils tendent à emprunter aux sources le maximum d'énergie possible;* autrement dit, lorsqu'on mettra en présence deux circuits parcourus par des courants, circuits dont l'un est immuable de position et de forme, tandis que l'autre est susceptible de prendre dans une région déterminée toutes les formes et toutes les orientations possibles, on verra le deuxième tendre vers la position d'équilibre pour laquelle son contour embrassera *le plus de lignes de force du champ.* En effet, si I_1 et I_2 sont les courants constants dans chacun des circuits *lorsque les circuits sont maitenus au repos,* l'éner-

gié que les sources auront fournie dans une certaine position relative des deux circuits sera :

$$\mathcal{L}_1 I_1^2 + 2 M I_1 . I_2 + \mathcal{L}_2 I_2^2 = W_0,$$

dans laquelle :

$\mathcal{L}_1$ et $\mathcal{L}_2$ sont les coefficients de self-induction du 1er et 2e circuit ; M est le coefficient d'induction mutuelle des deux circuits ;
En une autre position du *deuxième circuit*, on aura :

$$\mathcal{L}_1 I_1^2 + 2 (M + dM) I_1 I_2 + (\mathcal{L}_2 + d\mathcal{L}_2) I_2^2 = W_1,$$

et ainsi :

$$I_1 I_2 \, dM + (I_1 . dM + d\mathcal{L}_2 . I_2) I_2 = W_1 - W_0 ;$$

mais $I_1 I_2 dM$ est la seule part de fourniture du circuit fixe, la part
de fourniture du 2e circuit est :

$$dW = (I_1 . dM + I_2 d\mathcal{L}_2) I_2.$$

Cette expression sera la plus grande possible, lorsque l'expression entre parenthèses sera la plus grande possible ; on reconnaît
que cette expression est l'accroissement de flux *total* embrassé par
le deuxième circuit.

Si l'on a un seul circuit, un raisonnement analogue au précédent
permettra de conclure que ce circuit tendra à se développer de
façon à présenter la plus grande surface possible correspondant
évidemment au plus grand coefficient de self-induction.

**Rotations électromagnétiques. — Rotation d'un courant par
un aimant et vice versa. —** Nous avons déjà eu l'occasion de traiter
ce problème (fasc. 3, page 92) et nous avons démontré qu'à l'aide
seulement de *certains artifices*, il était possible d'obtenir le mouvement d'un circuit (ou d'un aimant) grâce aux actions électromagnétiques. La mécanique rationnelle démontre, en effet, le principe
suivant : *Un système de corps, chacun de forme invariable, soumis
uniquement à l'action de forces s'exerçant entre les divers points,
ne peut jamais produire un mouvement de rotation dans le même
sens, si les forces en jeu sont seulement fonctions des distances des
points auxquels elles sont appliquées.*

D'ailleurs, on peut donner de ce théorème la démonstration

élémentaire suivante : Limitons d'abord l'étude au cas d'un point mobile M et d'un point fixe A, soit r leur distance, F la force action de A sur M, V l'angle de cette force avec le déplacement infiniment petit ds de M, nous aurons pour expression du travail élémentaire :

$$d\mathcal{C} = F.\cos V.ds,$$

c'est-à-dire que si nous appelons M′ le point voisin occupé ensuite dans le mouvement par le point mobile M, $d\omega$ l'angle M′AM et dr la différence M′A — MA, nous aurons :

$$d\mathcal{C} = F.\cos V \sqrt{dr^2 + r^2 \, d\omega^2};$$

comme nous supposons que r est la seule variable, F, $\cos V$ et ω sont des fonctions de r et nous avons ainsi pour $d\mathcal{C}$ la forme condensée suivante :

$$d\mathcal{C} = \Phi(r).dr.$$

Par conséquent, si, *dans un tour exact,* $\Phi(r)$ *est une fonction uniforme de* r *et qu'elle ne présente ni discontinuité ni singularité,* nous aurons, pour ce tour exact :

$$\mathcal{C} = \int_{tour} \Phi(r).dr = 0.$$

Lorsque nous serons en présence, non plus d'un point unique A, mais d'une infinité de tels points, la même conclusion s'imposera, pourvu que le *phénomène ne présente pas dans le tour de singularité ou de discontinuité;* en résumé, il n'y aura donc pas fourniture d'énergie de la part du système des forces. La conséquence est qu'il y aura impossibilité de vaincre les résistances passives du système et que celui-ci devra donc s'arrêter *nécessairement* après avoir épuisé toutefois toute l'énergie d'impulsion qu'on aura pu lui fournir extérieurement *au début* du mouvement.

Si l'on déforme à chaque tour les circuits, ou si le phénomène présente une discontinuité ou une singularité dans le tour, le raisonnement précédent ne tient plus, car, nous avons vu au fascicule précité (page 492) qu'on pouvait, en effet, obtenir un mouvement de rotation continu. C'est à Faraday que l'honneur revient d'avoir démontré la possibilité des mouvements continus de rotation; ceux-ci peuvent être également obtenus si les circuits renferment des *parties liquides* ou des *contacts glissants.*

Supposons qu'un courant, de forme d'ailleurs quelconque, soit mobile autour d'un axe coïncidant avec celui d'un aimant. Si les extrémités de ce courant sont dans la position représentée schématiquement par la figure 56, on voit, en appliquant à chaque élément de courant la loi de Laplace, que le circuit tournera d'un mouvement continu, un observateur qui regardera dans la direction des lignes de force le verra se déplacer vers sa gauche. Il faut bien observer toutefois que l'extrémité inférieure C du courant ne doit pas être au-dessous de S, car alors il n'y aurait plus de rotation, le flux total coupé par le courant

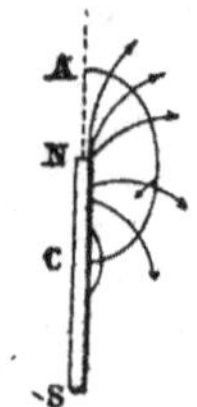

Fig. 56.

étant nul. L'effet maximum aura lieu lorsque C sera au milieu de NS; dans ce cas, en effet, le courant ne coupera qu'une seule fois les lignes de force créées par l'aimant.

Soit m la masse du pôle N, le flux émané de ce pôle est $4\pi m$, si C est au milieu de NS, le travail électromagnétique dans un tour sera donc $4\pi m I$, si Γ est le couple moteur qui anime le circuit mobile, on aura :

$$2\pi\Gamma = 4\pi m I \quad \text{et} \quad \Gamma = 2m I.$$

On peut obtenir également la rotation d'un aimant par un courant. En effet, si, dans la disposition précédente, on fixe le circuit et qu'on donne à l'aimant sa liberté de pivoter, on verra celui-ci pivoter sur lui-même. Pour réaliser pratiquement cette expérience, on leste un aimant de forme cylindrique par un cylindre en platine de façon à pouvoir faire flotter l'aimant dans le mercure, le pôle N (ou S) étant dehors. Cet aimant peut pivoter autour d'un axe vertical qui appuie légèrement par sa pointe sur l'extrémité de l'aimant *non noyée* dans le mercure; on fait arriver le courant par le pivot et par le bain de mercure.

Rotation d'un courant par un courant. — Pour mettre ce fait en évidence, on peut employer l'appareil représenté par la figure 57; il se compose d'une cuve V′ de cuivre rouge supportée par la colonne S, qui passe par le centre de la cuve V dont la forme est celle d'une couronne circulaire. L'équipage supérieur pivote sur le prolongement *isolé* G′ de la tige S. Les deux cuves étant remplies de mercure, le courant arrive par S à la cuve supérieure, de là, il suit les deux fils verticaux jusqu'à la potence et redescend en suivant le sens des flèches vers la cuve inférieure.

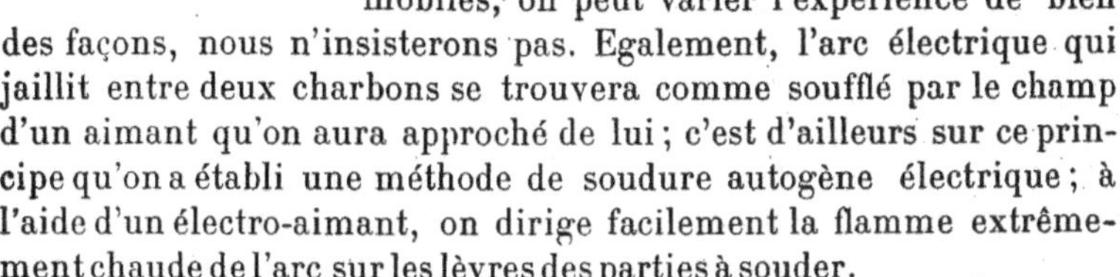

Fig. 57.

Si l'on trace, par la pensée, le champ dû à la partie *fixe* centrale S du circuit, on constate que toutes les actions électromagnétiques qui agissent sur la partie mobile concourent à lui imprimer une rotation de sens constant.

On peut également, par des expériences de cours, mettre en évidence que les filets liquides traversés par un courant se comportent absolument comme des courants mobiles, on peut varier l'expérience de bien des façons, nous n'insisterons pas. Egalement, l'arc électrique qui jaillit entre deux charbons se trouvera comme soufflé par le champ d'un aimant qu'on aura approché de lui ; c'est d'ailleurs sur ce principe qu'on a établi une méthode de soudure autogène électrique ; à l'aide d'un électro-aimant, on dirige facilement la flamme extrêmement chaude de l'arc sur les lèvres des parties à souder.

Roue de Barlow et disque de Faraday. — Ces appareils fournissent un exemple, toujours cité dans les traités de magnétisme, de la rotation d'un courant sous l'action d'un champ. La roue de Barlow se compose (fig. 58) d'une roue métallique dentée, dont l'axe D permet l'arrivée du courant QD ; celui-ci, par l'intermédiaire de la roue, arrive ensuite à un large godet de mercure qui baigne le bord inférieur de la

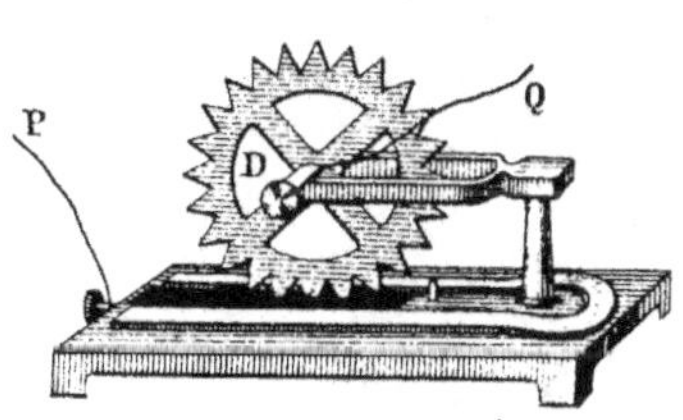

Fig. 58.

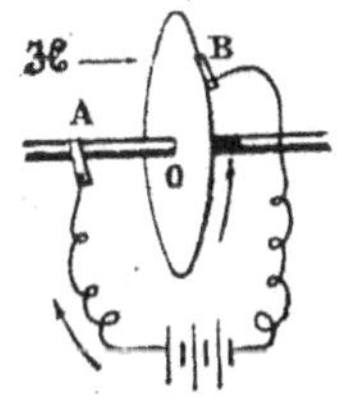

Fig. 59.

roue, le courant ressort par le fil P. En regard de la partie de la roue traversée par le courant, est disposé un aimant en fer à cheval, de sorte que la partie de la roue intéressée par le courant est normalement traversée par le champ de l'aimant.

Soit $\mathcal{H}$ la composante du champ moyen parallèle à l'axe de rotation de la roue, soit r le rayon de la roue, α l'angle sous lequel on voit du centre deux dents consécutives de la roue ; admettons, de plus, qu'une dent quitte le mercure quand la suivante vient d'y plonger ; lorsque la roue a décrit un angle α, c'est-à-dire lorsqu'une dent a effectué un voyage complet dans le mercure, le travail électromagnétique consommé par l'appareil tournant est :

$$\Delta W = \frac{r^2 . \alpha}{2} . \mathcal{H} \times I,$$

car le flux balayé normalement dans le mouvement par le courant I est $\frac{r^2 \alpha}{2} \mathcal{H}$; dans un tour complet le travail sera :

$$\frac{r^2 . 2\pi}{2} . \mathcal{H} . I = I . \mathcal{H} . S,$$

S étant la surface totale de la roue.

Le disque de Faraday ne diffère pas, théoriquement, de la roue de Barlow, il s'en différencie par un agencement différent des arrivées de courant. Le disque métallique (fig. 59) a son axe mobile également métallique, le courant est amené par deux ressorts, l'un s'appuie à frottement doux sur la tranche du disque, l'autre également à frottement adhère en A sur l'axe ; on se rendra très facilement compte, après ce qui vient d'être expliqué au sujet de la roue de Barlow, que :

1° Dans les hypothèses sur les sens du champ $\mathcal{H}$ et du courant indiquées sur la figure, le disque tournera dans le sens de la flèche ;

2° Le travail pour chaque tour est $I . \mathcal{H} . S$.

On remarquera que cette expression est absolument indépendante de la vitesse, aussi bien pour la roue de Barlow que pour le disque de Faraday.

TABLE DES MATIÈRES

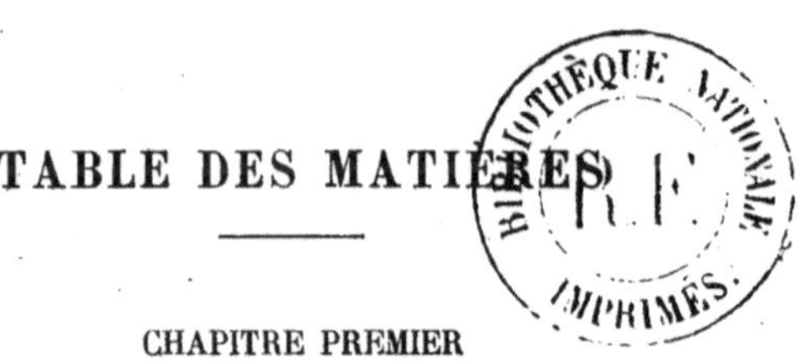